# द्वापर

# द्वापर

मैथिलीशरण गुप्त

*Published by*

Gyan Publishing House
5, Ansari Road
Daryaganj, New Delhi-110002
Phone: 011-47034999, 9811692060
E-mail: books@gyanbooks.com

*Distribution Network*
gyanbooks.com
India, USA, Canada, UK, Australia



ISBN: 978-93-7225-451-8 (PB)

First Published, 1900

2nd Impression 2025

*Printed at:* Gyan Press, Delhi.



**द्वापर**

Arthur: मैथिलीशरण गुप्त

श्रीराम

# द्वापर

श्रीमैथिलीशरण गुप्त

साहित्य-सदन,
चिरगाँव (झाँसी)

कर्म-विपाक-कंस की मारी
दीन देवकी-सी चिरकाल
लो, अबोध अन्तःपुरि मेरी !
अमर यही माई का लाल ।

# निवेदन

द्वापर के चित्रण के लिए जिस विशाल पट की आवश्यकता है उसकी पूर्ति इन परिमित पृष्ठों से क्या हो सकती है। परन्तु जिस परिस्थिति में यह पुस्तक लिखी गई है, वह लेखक के जीवन में बहुत ही संकल्प-विकल्प पूर्ण रही। क्या जानें, इसी कारण से यह नाम आ गया अथवा अन्य किसी कारण से यह भी द्वापर—सन्देह की ही बात है।

श्रीमद्भागवत के दशमस्कन्ध के तेईसवें अध्याय में एक कथा है। श्रीकृष्ण अपनी मण्डली के साथ वन में दूर निकल गये थे। वहाँ उनके बन्धुओं को भूख लगी। निकट ही एक स्थान पर यज्ञ हो रहा था। उन्होंने भोजन की प्राप्ति के लिए, उन्हें वहीं भेजा। परन्तु याज्ञिक ब्राह्मणों ने उन्हें दुत्कार दिया। भगवान ने फिर भी उन्हें यज्ञशाला में भेजा। परन्तु इस बार पुरुषों के नहीं, स्त्रियों के निकट। वहाँ उनकी अभिलाषा पूरी हो गई। स्त्रियों ने विविध व्यंजन लाकर भगवान को भी भोग अर्पण किया। इसी कथा के अन्तर्गत एक कथा और है। एक ही श्लोक में वह कह दी गई है। एक ब्राह्मण ने

वलपूर्वक अपनी वनिता को रोक लिया। नैवेद्य समर्पण तो दूर, वह भगवान के दर्शन भी न पा सकी। इस दुःख मे उसने शरीर छोड़ दिया। शुकदेवजी ने लिखा है—

तत्रैका विधृता भर्त्रा भगवन्तं यथा श्रुतम्
हृदोपगुह्य विजहौ देहं कर्मानुबन्धनम्।

इस सम्बन्ध में इतना ही है। खेद है इस 'विधृता' का नाम नहीं मिला। अतएव इसके सम्बन्ध की रचना का यही शीर्षक देना पड़ा।

इसी घटना के अनन्तर इन्द्र-यज्ञ छोड़कर गोवर्द्धन-यज्ञ की कथा आती है और वलराम का भाषण उसीकी भूमिका के रूप में है। इसमें सन्देह नहीं, यज्ञों की तत्कालीन परिपाटी मे श्रीकृष्ण सन्तुष्ट न थे। परन्तु पशुवलि के विरोध में ही 'अन्नकूट' खड़ा किया गया है या नहीं, यह विद्वानों के विचार का विषय है। लेखक की भावना स्वतन्त्र भी होकर निराधार नहीं। उसे स्वयं भगवान का वल प्राप्त है—

"ये यथा मां प्रपद्यन्ते तांस्ते तांस्तथैव भजाम्यम्।"

चिरगाँव
देवशयनी ११—१९९३

# चतुर्थावृत्ति की भूमिका

'द्वापर' का आरम्भ 'सुदामा' को लेकर हुआ था। परन्तु पुस्तक में उसे इस कारण नहीं दिया गया था कि लिखते-लिखते उसे तीन खण्डों में समाप्त करने का विचार किया गया था। पहला खण्ड 'गोपाल' दूसरा 'द्वारकाधीश' और तीसरा 'योगिराज'। परन्तु अनेक कारणों से अब तक कुछ न हो सका। आगे भी कोई बड़ी आशा नहीं। अस्तु इस बार पुस्तक के अन्त में वह आरम्भ का अंश भी जोड़ दिया गया है।

आशा न होने पर भी लेखक को असन्तोष नहीं। जो कार्य उससे न हो सकेगा, प्रभु चाहेंगे तो वह दूसरे कुशल कृतियों द्वारा और भी अच्छे रूप में सम्पन्न होगा।

चिरगाँव
सम्वत्सर २००२ वि०

# सूची

श्रीगणेशाय नमः

# द्वापर

( गोपाल )

## मंगलाचरण

धनुर्बाण वा वेणु लो श्याम रूप के संग,
मुझ पर चढ़ने से रहा राम! दूसरा रंग।

## श्रीकृष्ण

राम-भजन कर पांचजन्य ! तू,
वेणु बजा लूं आज अरे,
जो सुनना चाहे सो सुन ले,
स्वर ये मेरे भाव भरे—
कोई हो, सब धर्म छोड़ तू
आ, बस मेरा शरण धरे,
डर मत, कौन पाप वह, जिसे
मेरे हाथों तू न तरे?

## राधा

शरण एक तेरे मैं आई,
धरे रहें सब धर्म हरे!
बजा तनिक तू अपनी मुरली,
नाचें मेरे मर्म हरे!
नहीं चाहती मैं विनिमय में
उन वचनों का वर्म हरे!
तुझको—एक तुझीको—अर्पित
राधा के सब कर्म हरे!

यह वृन्दावन, यह वंशीवट,
यह यमुना का तीर हरे!
यह तरते ताराम्बर वाला
नीला निर्मल नीर हरे!
यह शशि रंजित सितघन-व्यंजित
परिचित, त्रिविध समीर हरे!
बस, यह तेरा अङ्क और यह
मेरा रंक शरीर हरे!
कैसे तुष्ट करेगी तुझको,
नहीं राधिका बुधा हरे!
पर कुछ भी हो, नहीं कहेगी
तेरी मुग्धा मुधा हरे!
मेरे तृप्त प्रेम से तेरी
बुझ न सकेगी क्षुधा हरे!
निज पथ धरे चला जाना तू,
अलं मुझे सुधि-सुधा हरे!
सब सह लूँगी—रो रोकर मैं,
देना मुझे न बोध हरे!
इतनी ही विनती है तुझसे,
इतना ही अनुरोध हरे!
क्या ज्ञानापमान करती हूँ,
कर न बैठना क्रोध हरे!
भूले तेरा ध्यान राधिका,
तो लेना तू शोध हरे!

झुक, वह वाम कपोल चूम ले
यह दक्षिण अवतंस हरे!
मेरा लोक आज इस लय में
हो जावे विध्वंस हरे!
रहा सहारा इस अन्धी का
बस यह उन्नत वंश हरे!
मग्न अथाह प्रेम-सागर में
मेरा मानस-हंस हरे!

## यशोदा

मेरे भीतर तू बैठा है,
बाहर तेरी माया;
तेरा दिया राम सब पावें,
जैसा मैंने पाया।
मेरे पति कितने उदार हैं,
गद्गद हूँ यह कहते—
रानी-सी रखते हैं मुझको,
स्वयं सचिव-से रहते।

इच्छा कर, झिड़कियाँ परस्पर
हम दोनों हैं सहते,
थपकी-से हैं अहा! थपेड़े,
प्रेमसिन्धु में बहते।
पूर्णकाम मैं, बनी रहे बस
तेरी छत्रच्छाया;
तेरा दिया राम, सब पावें,
जैसा मैंने पाया।
जिये बाल-गोपाल हमारा,
वह कोई अवतारी;
नित्य नये उसके चरित्र हैं;
निर्भय विस्मयकारी।
पड़े उपद्रव की भी उसके
कब-किसके घर बारी,
उलही पड़ती आप, उलहना
लाती है जो नारी।
उतर किसी नभ का मृगांक-सा
इस आँगन में आया;
तेरा दिया राम, सब पावें,
जैसा मैंने पाया।
गायक बन बैठा वह, मुझसे
रोता कण्ठ मिला के;
उसे सुलाती थी हाथों पर
जब मैं हिला हिला के।

जीने का फल पा जाती हूँ
प्रतिदिन उसे खिला के ;
मरना तो पा गई पूतना ,
उसको ! दूध ! पिला के !
मन की समझ गया वह समझो ,
जब तिरछा मुसकाया !
तेरा दिया राम, सब पावें ,
जैसा मैंने पाया।
खाये बिना मार भी मेरी
वह भूखा रहता है !
कुछ ऊधम करके तटस्थ-सा
मौन भाव गहता है।
आते हैं कल-कल सुनकर वे
तो हँस कर कहता है—
'देखो यह झूठा झुँझलाना ,
क्या सहता-सहता है !'
हँस पड़ते हैं साथ साथ ही
हम दोनों पति-जाया ;
तेरा दिया राम, सब पावें ,
जैसा मैंने पाया।
मैं कहती हूँ—बरजो इसको ,
नित्य उलहना आता ,
घर की खाँड़ छोड़ यह बाहर
चोरी का गुड़ खाता।

वे कहते हैं—'आ मोहन अब
अफरी तेरी माता ;
स्वादु बदलने को न अन्यथा
मुझे बुलाया जाता !'
वह कहता है 'तात, कहाँ-कब
मैंने खट्टा खाया ?'
तेरा दिया राम, सब पावें,
जैसा मैंने पाया।
मेरे श्याम-सलौने की है,
मधु से मीठी बोली ?
कुटिल अलक वाले की आकृति
है क्या भोली-भोली।
मृग-से दृग हैं, किन्तु अनी-सी
तीक्ष्ण दृष्टि अनमोली,
बड़ी कौन-सी बात न उसने
सूक्ष्म बुद्धि पर तोली ?
जन्म जन्म का विद्या-बल है
संग संग वह लाया ;
तेरा दिया राम, सब पावें,
जैसा मैंने पाया।
उसका लोकोत्तर साहस सुन,
प्राण सूख जाता है ;
किन्तु उसी क्षण उसके यश का
नूतन रस पाता है।

अपनों पर उपराग देखकर
वह आगे आता है;
उलझ नाग से, सुलझ आग से,
विजय-भाग लाता है।
'धन्य कन्हैया, तेरी मैया!'
आज यही रव छाया,
तेरा दिया राम, सब पावें,
जैसा मैंने पाया।
काली-दह में तू क्यों कूदा,
डाँटा तो हँस बोला—
"तू कहती थी- 'और चुराना
तुम मक्खन का गोला।
छींके पर रख छोड़ूँगी अब
अब भिड़-भरा मठोला!'
निकल उड़ी वे भिड़ें प्रथम ही,
भाग बचा मैं भोला!"
बलि जाऊँ! बंचक ने उलटा
मुझको दोष लगाया;
तेरा दिया राम, सब पावें,
जैसा मैंने पाया।
उसे व्यापती है तो केवल
यही एक भय-बाधा—
'कह दूँगी, खेलेगी तेरे
संग न मेरी राधा।

भूल जायगा नाच-कूद सब
धरी रहेगी धा - धा।
हुआ तनिक उसका मुहँ भारी
और रहा तू आधा!'
अर्थ बताती है राधा ही,
मुरली ने क्या गाया;
तेरा दिया राम, सब पावें,
जैसा मैंने पाया।
बचा रहे वृन्दावन मेरा,
क्या है नगर-नगर में!
मेरा सुरपुर बसा हुआ है
ब्रज की डगर-डगर में।
प्रकट सभी कुछ नटनागर की
जगती जगर-मगर में;
कालिन्दी की लहर बसी है
क्या अब अगर-तगर में।
चाँदी की चाँदनी, धूप में
जातरूप लहराया;
तेरा दिया राम, सब पावें,
जैसा मैंने पाया।
अहा! घास में भी सुवास है,
भूमि हरी जब मेरी;
गायों भरा गोठ, गायें हैं
दूध-भरी सब मेरी।

बनी गिरस्ती क्षीरोदधि की
पूर्ण तरी अव मेरी ;
मैं तेरी चेरी, पर पटतर
कौन नरी कब मेरी ?
गर्व नहीं, यह कृतज्ञता है ,
मैंने जिसे जनाया ;
तेरा दिया राम, सब पावें ,
जैसा मैंने पाया ।
बाहर मैं जन-मान्य और धन-
धान्य-पूर्ण घर मेरा ;
पाया है, तब देने को भी
प्रस्तुत है कर मेरा ।
लहराता है गहरा गहरा ,
यह मानस - सर मेरा ;
वहीं मराल बना है इसमें ,
जो इन्दीवरं मेरा ।
मुक्ति शुक्ति-सी पली युक्ति से ,
भुक्ति - भोग मन - भाया ;
तेरा दिया राम, सब पावें ,
जैसा मैंने पाया ।

## विधृता

राम राम ! हा ! ठहरो, ठहरो ,
यह तुम क्या करते हो ?
अबला कहकर भी मुझको यों ,
बलपूर्वक धरते हो !
लज्जा भी छोड़ी क्या तुमने ,
छोड़ी जहाँ दया है ?
तन न जाय, पर मन तो मेरा
अपनी गैल गया है ।

लोहित नेत्र, फड़कते नथुने,
विकृत वदन, खर वाणी :—
नारायण ! मेरे नर में है
कौन नया यह प्राणी !
रौद्र नहीं, वीभत्स अशुचि यह
जाओ अरे, नहाओ !
यह शरीर अब कहाँ जायगा,
शुद्धि-शान्ति तुम पाओ।
पर सुनते जाओ, सम्भवतः
फिर अवसर न रहेगा;
तुम सुनना भी चाहोगे तो
तुमसे कौन कहेगा ?
मैं मर चुकी, किन्तु मरते ही
ठण्डी नहीं पड़ी हूँ;
तुमसे दो बातें कहने को,
क्षण भर यहाँ खड़ी हूँ।
हम-तुम पति-पत्नी थे दोनों,
दीक्षित इस अध्वर में;
पर मेरा पत्नीत्व मिटाया
किसने यह पल भर में ?
मुट्ठी भर भी जो न दे सके,
दासी थी, मैं आहा !
यज्ञ भङ्ग हो गया तुम्हारा,
मेरा सब कुछ स्वाहा !

वह गुण किसने तोड़ा, जिसमें
यह जोड़ा जकड़ा था ?
नर, झकझोर डालने को ही
क्या, यह कर पकड़ा था ?
कामुक-चाटुकारिता ही थी
क्या वह गिरा तुम्हारी ?—
'एक नहीं दो दो मात्राएँ
नर से भारी नारी !'
अहा! 'यत्रनार्यस्तु'—वाक्य की
पूर्ण सत्यता पाकर,
क्यों न रमेंगे अमर तुम्हारे
इस अध्वर में आकर !
हा ! अवला आ, अरी अनादर-
अविश्वास की मारी,
मर तो सकती है अभागिनी,
कर न सके कुछ नारी।
जहाँ 'दीयतां' तथा 'भुज्यतां'
मुख्य यही दो बातें,
जहाँ अतिथि हों आप देवता,
आज वहीं ये घातें !
भूखे जायें वहाँ से वे ही
जो अब भी बालक हैं,
किन्तु हमारी परम्परा के
प्रश्रय हैं, पालक हैं।

धर्म तुम्हारे घर आया था,
अपने कर फैलाये;
पर भूखे ने भरम गमाया,
फिर भी धक्के खाये!
अब तुम किसको साध रहे हो,
चला गया है वह तो;
पाप कर रही थी क्या कोई,
कहो, सुनूँ मैं यह तो?
अधिकारों के दुरुपयोग का
कौन कहाँ अधिकारी?
कुछ भी स्वत्व नहीं रखती क्या
अर्द्धांगिनी तुम्हारी?
मैं पुण्यार्थ जा रही थी, तुम
पाप देख बैठे हो!
और आप अवसर के वर को
शाप लेख बैठे हो!
जिसमें पशु-वध करते करते
सूखा हृदय तुम्हारा,
वे मख मिटें, और हे ईश्वर,
इन्हीं बालकों - द्वारा!
स्वयं स्वर्ग-फल वाली भी उस,
लोलुपता का लय हो;
कर्म हमारा क्षमता-मय हो;
धर्म सुममतामय हो।

किंवा कटता नहीं पाप भी ,
जब तक रहे अधूरा ;
हो निषिद्ध भी सांग सिद्ध यह
यज्ञ तुम्हारा पूरा !
नाचें - गावें सुरांगनाएँ ,
आवें, इन्द्र पधारें ;
मेरे आश्रय तो उपेन्द्र ही ,
तारें और न तारें ।
व्रतियों की उन कुल स्त्रियों के
प्रति अश्लील रहो तुम ,
फिर भी श्रोत्रिय-होत्री ठहरे ,
क्यों न सुशील रहो तुम ?
मैं भूखों को भोजन देने
जाकर भी दुःशीला ;
ललना तो छलना है, ओहो ,
धन्य तुम्हारी लीला !
हाय ! वधू ने क्या वर-विषयक
एक वासना पाई ?
नहीं और कोई क्या उसका
पिता, पुत्र या भाई ?
नर के बाँटे क्या नारी की
नग्न - मूर्ति ही आई ?
माँ, बेटी या बहिन हाय ! क्या
संग नहीं वह लाई ?

श्याम-सलौने पर यदि सचमुच
मेरा मन ललचाया,
तो फिर क्या होता है इससे,
कहीं रहे यह काया ?
दूर मधुप को भी पराग निज
पहुँचा दिया कुसुम ने;
हे वेदज्ञ, खेद! इतना भी
भेद न जाना तुमने।
'छैल-छोकड़ा' कहो उसे तुम
प्रेम-वाद्य वह बजता;
जो जैसे भजता है उसको
वह भी वैसे भजता।
अथवा तुम्हें दोष क्या, युग ही
यह 'द्वापर' संशय का,
पर यदि अपना ध्यान हमें है,
तो कारण क्या भय का ?
हुआ वत्स-धेनुक-वध से वे
गो-घातक हत्यारे ?
तुम शुचि, पशु-बलि पर ही जिनके
सप्ततन्तु हैं सारे ?
वत्स न था वह बाघ और वह
धेनुक था खर-दानव;
लोक-यज्ञ में ऐसी बलि दे,
हो तो ऐसा मानव।

रहे लोक की व्यथा, वेद की
कथा कहो मुहँ धोकर ;
किन्तु स्वर्ग का मार्ग गया है
इसी नरक से होकर !
कौन आततायी अवध्य है ,
यह तो मुझे बताओ ?
शक्ति चाहिए किन्तु वहाँ, तुम
साहस यहाँ जताओ।
हाँ, हाँ, गाली दो तुम उसको
भला और क्या दोगे ?
निन्दक सही, परन्तु अन्ततः
तुम उसके ही होगे।
'वेद उसीको तो गाते हैं ,
धिक् वक्रोक्ति तुम्हारी ,
नहीं वेद तो खोज उसीको
रोते हैं, बलिहारी !
तुम्हें वेद में नहीं मिला वह ?
तुम हो वेदज्ञानी ;
किन्तु वेद का अन्त कहाँ है ,
ध्यान धरो कुछ ध्यानी !
कुछ छन्दों तक ही परिमित क्या
उस अनन्त की वाणी ?
नित्य नित्य नूतन भावों से
भूषित वह कल्याणी।

नित्य नई अपनी रचनाएँ
रचता है वह स्रष्टा ;
देश-देश में, काल-काल में ,
हैं मन्त्रों के द्रष्टा ।
कृष्ण अवैदिक ? और राम भी ?
ठहरो, धीरज धारो ,
वेदवादरत, ठंडे जी से
सोचो और विचारो ।
श्रुति-दर्शी ऋषि न थे हमारे
दम्भी या अभिमानी ,
घोषित आप उन्होंने की थी
नेति - नेति की वाणी ।
और न्यून वाल्मीकि-व्यास किस
ऋचा-रचयिता ऋषि से ?—
युग युग भी परितृप्त रहेंगे
जिनकी अक्षय कृषि से ।
'पाप शान्त हो ! भला राम ने
सीता को कब त्यागा ?
इसे यथार्थ मानता है जो ,
वह है अज्ञ - अभागा ।
राम-नाम के नृप को छल कर ,
सुहृदय - सीतावर का ,
घर लुटवाने में भी कर था
किसी तुच्छधी से नर का ।

राम-कृष्ण का रूप कहाँ से
देखे दृष्टि तुम्हारी ;
इन्द्र-वरुण तक ही परिमित है
यह श्रुति-सृष्टि तुम्हारी।
फिर भी यही कहे जाती हूँ,
मानो या मत मानो ;
नीरस छान्दस,उसकवि-धनको
जान सको तो जानो।
आगे-पीछे क्या देखोगे,
सम्मुख नहीं निरखते ;
तुम क्रोधान्ध न हो जाते यों
कुछ विवेक यदि रखते।
कर्मकाण्ड के इन भाण्डों में
वह रस कहाँ धरा है,
अविश्वास जब हाय ! तुम्हारे
घट में आप भरा है।
अविश्वास, हा ! अविश्वास ही
नारी के प्रति नर का ;
नर के तो सौ दोष क्षमा हैं,
स्वामी है वह घर का !
उपजा किन्तु अविश्वासी नर
हाय ! तुझीसे नारी !
जाया होकर जननी भी है,
तू ही पाप-पिटारी।

आती नहीं अलख की लीला,
कभी किसी की लख में ?
अपमानिता सती भी तो थी
मरी एक दिन मख में ।
डरो न द्विज दयनीय, रुद्र का
गण न यहाँ आवेगा ;
वे हर भी जो विष न पी सके,
यह हरि पी जावेगा ।
जाती हूँ, जाती हूँ अब मैं,
और नहीं रुक सकती ;
इस अन्याय-समक्ष, मरूँ मैं,
कभी नहीं झुक सकती ।
किन्तु आर्य-नारी, तेरा है
केवल एक ठिकाना ;
चल तू वहीं, जहाँ जाकर फिर
नहीं लौटकर आना ।

## बलराम

उलटा लेट कुहनियों के बल ,
धरे वेणु पर ठोड़ी ,
कनू कुञ्ज में आज अकेला ,
चिन्ता में है थोड़ी ।
सुबल विशाल, अंशु, ओजस्वी ,
वृषभ, वरूथप, आओ ;
यमुना-तट, वट-तले बैठकर
कुछ मेरी सुन जाओ ।

खेल-कूद में ही न अरे, हम
सब अवसर खो देंगे ;
भावी जीवन के विचार भी
कुछ निश्चित कर लेंगे।
रखते हो तो दिखलाओ कुछ
आभा उगते तारे,
ओज, तेज, साहस के दुर्लभ
दिन हैं यही हमारे।
जावेंगे अवश्य हम अपने
प्रिय पितरों के पथ से ;
किन्तु चक्र तो नहीं फँसेंगे,
पूछेंगे निज रथ से।
अपरिष्कृत संकीर्ण कहीं वह
मार्ग न होने पावे ;
थल से जल में, जल से नभ में
विस्तृत होता जावे।
नहीं देखते थे क्या पूर्वज
कहाँ काल-गति कैसी ?
होगी जहाँ अवस्था जैसी,
वहाँ व्यवस्था वैसी।
कहीं गतानुगतिका पर ही
रह सकता उद्योगी ?
नये नये गीतों की रचना
उन्हीं स्वरों पर होगी।

पितर नहीं खाते थे खट्टा,
खावें हम भी मीठा;
किन्तु बुसा-बासी खाने से,
अच्छा टटका सीठा।
और शर्करा से मोदक ही
बनते नहीं अकेले;
एक स्वादु के भेद असंख्यक,
सिद्ध करे सो ले ले।
मुनियों को भी भ्रम सम्भव है
असम्मान या इसमें?
किन्तु एक भ्रम ऐसा भी है
सर्वनाश है जिसमें।
जहाँ सर्प की भ्रान्ति रज्जु में,
वहाँ विनोद-वरण है;
किन्तु सर्प को रज्जु समझना,
यह प्रत्यक्ष मरण है!
बन्धन-कर्त्तनार्थ पुरखों ने,
हमको सार दिया है;
किन्तु साथ ही साथ उन्होंने,
उसका भार दिया है।
जितना उसे स्वच्छ रक्खोगे,
उतनी धार बहेगी,
और नहीं तो धूल-छार ही
अपने हाथ रहेगी।

भूमि पूर्वजों की है निश्चय,
कर्षण किन्तु तुम्हारा;
इसीलिए तो था यथार्थ में
उन सबका श्रम सारा।
होंगे वे कृतकृत्य तभी तो,
तुम सपूत जब होगे;
नित्य नये फल-फूलों वाली
हरियाली भर दोगे।
मिला हमें उपवन पुरखों का,
यह सौभाग्य हमारा;
फल लेंगे या देंगे भी
हम श्रम-जल की धारा?
सिंचन, रोपण, काट-छाँट से
हाथ सिकोड़ेंगे हम,
झाड़ और झंखाड़ छोड़ कर
तो क्या छोड़ेंगे हम,
जीर्ण वस्तुओं की ममता से
घर ही घूड़ा होगा;
अहा! आज का कुसुम-हार भी
कल का कूड़ा होगा।
यदि मानस-गोमुखी हमारी
निरवधि नहीं झड़ेगी,
तो गर्तों में ही जीवन की
धारा पड़ी सड़ेगी।

एक समय जो ग्राह्य, दूसरे
समय त्याज्य होता है;
ऊष्मा में हिम के कम्बल का
भार कौन ढोता है?
सजल रूपणी पुरवैया-सी
खिड़की से आती है,
और सील-सी लोकालय में
रूढ़ि बैठ जाती है!
रंग के छींटे भी सुन्दर हैं,
पर होली के दिन के;
वही रात में दीवाली की
धब्बे हैं गिन गिन के।
बन जाता है अशिव भयंकर
कभी स्वयं शंकर भी;
दुर्दिन कर देता है दिन को
असमय का जलधर भी।
रहे व्यक्तियों की मर्यादा,
नहीं शक्ति की सीमा;
वेग रहे तो क्यों न बढ़ो तुम,
पड़ जाऊँ मैं धीमा।
पुरखे नदियाँ तरते थे तो
तब है सिन्धु, तरो तुम;
अस्वाभाविक क्या यदि ऐसा
साहस कभी करो तुम?

पूर्वज थे पा गये वस्तुतः
मूल - तत्व मन - माना ;
किन्तु असंख्यक शाखाओं का
है कुछ ठीक - ठिकाना ?
नित्य नई वे फूट रही हैं ,
आगे भी फूटेंगीं ,
भावी सन्ततियाँ भी सन्तत
अभिनव रस लूटेंगीं ।
यदि हार्दिक प्रस्ताव बुद्धि का
अनुमोदन पा जावे ,
और समर्थक रहें प्राण, तो
कौन विरोधी ? आवे !
करने में तो मरने में भी
है. कल्याण स्वयं ही ,
लौटो न तुम प्रमाण खोजने ,
बनो प्रमाण स्वयं ही ।
पीछे पितर पृष्ठ - पोषक हैं ,
पर भविष्य तो आगे ;
यदि अपना परिणाम न देखें ,
तो हम अन्ध - अभागे ।
वर्त्तमान, यह आयोजन है
निज भावी जीवन का ;
कुछ अतीत-संकेत मिले तो
अधिक लाभ वह जन का ।

भिन्नाहार-बिहार उचित ही
समय समय के सारे ;
समय समय की बुद्धि भिन्न है ,
भिन्न विचार हमारे ।
समयाचार विभिन्न, भिन्न हैं ,
युग-धर्मों की वृतियाँ ;
आकृति-प्रकृति विभिन्न समय की ,
भिन्न क्यों न हों कृतियाँ ?
अपने युग को हीन समझना
आत्महीनता होगी ;
सजग रहो, इससे दुर्बलता
और दीनता होगी ।
जिस युग में हम हुए, वही तो
अपने लिए बड़ा है ;
अहा ! हमारे आगे कितना
कर्मक्षेत्र पड़ा है ।
हीन हो गया काल कौन-सा ?
क्या घन-मन्द्र नहीं अब ?
सायंप्रात, रात-दिन, ऋतुएँ
या रवि-चन्द्र नहीं अब ?
सावधान ! युग के अधर्म को
हम युग-धर्म न समझें ;
कर्म नहीं, हम पतित आप, यदि
उनका मर्म न समझें ।

वह अतीत पुरखों का युग था
उसका क्या कहना है ?
सुनो, किन्तु अपने ही युग में
हम सबको रहना है।
जन्में हैं हम उसी भूमि पर
उसी वायु-मण्डल में ;
पर आगे की ओर हमारी
वृद्धि - सिद्धि पल पल में।
विगत हुआ तो विगतों का युग ,
अपना तो प्रस्तुत है ;
कितना नव्य-भव्य तुम देखो ,
यह अपूर्व - अद्‍भुत है।
नये नये अध्याय खुले हैं ,
नये पाठ हैं कितने ;
कैसे काट-छाँट के कौशल ,
और ठाठ हैं कितने !
बड़ा गोप-पद से क्या, तुम क्या
'गोप गोप' कहते हो ?
ऐसे ही तो ऋषि रहते हैं
जैसे तुम रहते हो।
मनुष्यत्व जन में ही रहता ,
नहीं विशाल भवन में ,
वह भी क्या दुर्लभ है तुमको ,
जो तुम चाहो मन में।

पुरखों के प्रतिरूप आप हम
सम में और विषम में ;
अधिष्ठातृ देवों के प्रति भी
कृतज्ञता हो हममें ।
किन्तु कर्म-कौशल से यदि हम
अपना मुहँ मोड़ेंगे ,
वरुण देव तो हमें बहाये
बिना नहीं छोड़ेंगे ?
वन्धु, कहीं यह कह न बैठना—
'हाला पिये हली है !'
सुनो तात, मतवाले की भी ,
यदि वह वात भली है ।
भय क्या सुरा पिये हो कोई ,
उसे सुरा न पिये हो ,
तो शुभ वह उस असुरापी से ,
जो निज दम्भ किए हो ।
न हो एक उन्माद, एक धुन ,
एक लगन यदि जन में ,
तो उस अप्रमत्त को लेकर
है क्या लाभ भुवन में ?
देख रहा है, समझ रहा है ,
किन्तु नहीं कुछ करता ,
कर्मभूमि का भाररूप वह ,
डूब क्यों नहीं मरता ।

तुम मेरे अनुगामी, यह तो
मुझ पर प्यार तुम्हारा ;
पर विरोध करने का पहले
है अधिकार तुम्हारा।
सोचो-समझो, मेरी बातें
और उचित यदि मानो,
तो फिर तुम उनके प्रसार का
भार आप पर जानो,
कर्मों की खेती है जगती,
जैसी जिसने बोई ;
देवों का भी कर्म नियन्ता
एक और हीं कोई।
ताप न हो तो अग्नि-देव की
फिर क्या रही महत्ता ?
वे न होत्रियों के हितार्थ भी
छोड़ेंगे निज सत्ता !
जो देवों का भाग, उसे हम
सादर उनको देंगे ;
और ले सकेंगे जो उनसे,
हम कृतज्ञ हो लेंगे।
फिर भी दैवी बाधाएँ तो
आती ही रहती हैं ;
मिल जुलकर सम्पूर्ण प्रजाएँ
जिन्हें यहाँ सहती हैं।

सह सकना ही तो सर्वोपरि,
इष्ट और क्या भाई ?
व्यापक विपदा से ही हमने
सङ्घ-सम्पदा पाई।
बीती तृणावर्त की आँधी,
दावानल भी बीती;
कौन कहे, अब नहीं आयगी
कोई धार अचीती ?
अपने मरने-जीने को भी
नियति-दृष्टि से देखें,
तो निश्चय हम उसे प्राकृतिक
परिवर्तन ही लेखें।
जहाँ आज गिरि कल गभीर जल,
यह भी उसकी लीला;
नित्य नई तब तो निज जगती,
जब परिवर्तन-शीला।
इन्द्र वृष्टि के अधिकारी हैं,
तो भागी हैं हम भी;
किन्तु शून्य को ही ताकें तो
जड़ हैं हम, जंगम भी।
अम्बु अन्ततः उर्वी का ही,
निश्चित वर्षण जिसका;
एक विभाजन मात्र व्योम का,
पर आकर्षण किसका ?

अन्तरिक्ष के नहीं, किन्तु हम
उस वसुधा के वासी,
जिसके सरल-गंध-गुण के हैं,
आप अमर आश्वासी !
धात्री वह गो-रूप-धारिणी,
शस्य - शालिनी, धरणी ;
लोक-पालिनी वह भव भव की
भार - वाहिनी, भरणी ।
सर्वसहा, क्षमा - क्षमता की,
ममता की वह प्रतिमा ;
खुली गोद उसकी जो आवे,
समता की वह प्रतिमा ।
हल ही आयुध रहे हलीका,
काढ़े उसके काँटे ;
हरी - भरी उर्वरा रहे वह
तृण - तृण के भी वाँटे ।
अपने व्रज की रज में ही तुम
सब विभूतियाँ पाओ ;
दूध पिओ अपनी गाओं का,
वीर - वली वन जाओ ।
एक एक, सौ सौ अन्यायी
कंसों को ललकारो ;
अपनी पुण्य भूमि के ऊपर
[illegible] ।

यही हमारे प्रमुख देवता,
कभी न भूला इसको;
कहो दूसरा देव कौन है,
आहुति दें हम जिसको?
नहीं एक आकाश-निवासी
वह अधिदैवतपन तो;
कंकर में भी शिव-शंकर हैं,
गिरि हैं गोवर्द्धन तो!
पुरखे यज्ञ-याग करते थे,
त्याग भाव था जिसमें;
किन्तु आज के यज्ञ देख लो,
शेष रहा क्या इनमें?
दारुण हिंसा और दम्भ ही
दिखलाई पड़ते हैं;
तृष्णा बुझती नहीं, रुधिर के
झरने-से झड़ते हैं!
अपनी प्रवृत्तियों का पोषण
मिष देवी-देवों का;
अमृत नहीं, मृतक-पिण्ड है
विष वह देवी-देवों का!
राजस-भोग करें वे, जिनका
साहस हो या बस हो;
धर्म सदा सात्विक है, चाहे
कर्म कभी तामस हो।

ब्राह्मण था या वृक वह, जिसने
दया न लज्जा सोची,
हृदयवती गृहिणी हरिणी-सी
धर कर वहीं दबोची!
यही अभागा मन्त्र-जाल में
स्वर्ग फँसा कर लेगा?
वैतरणी का चक्र-नक्र क्या
इसे उतरने देगा?
इष्ट एक हय-मेध-हेतु था
व्यापक विजय जहाँ पर,
एक यूप से बँधे पड़े हैं
सौ पशु-मेध वहाँ पर!
स्वयं शृगाल हुए हम, फिर भी
उच्च मनुज-कुलमानी;
यज्ञ-पुरुष को छोड़ हिंस्र-पशु
पूज रहे बलिदानी!
यज्ञ-वेदियाँ हैं वे अथवा
कौटिक-कुटियाँ सारी?
व्यंजन नहीं, देव देखेंगे
श्रद्धा-भक्ति तुम्हारी।
कम क्या घृत दधि-दुग्ध-शर्करा,
देव-अन्न ओदन ही,
श्रुति न विरोध करे तो समझो
उसका अनुमोदन ही।

जिसको ज़ब जो प्राप्य, उसीका
वह नैवेद्य चढ़ावे;
निज रसना-लोलुपता कोई
इस मिस से न बढ़ावे।
नहीं तत्वतः कुछ भी मेरे
आगे जीना-मरना,
किन्तु आत्मघाती होना है
घात किसीका करना!
गो-द्विज-द्वेषी कंस मूल ही
मख का मेट रहा है;
मैं कहता हूँ स्वयं काल को
वह अब मेट रहा है।
आज 'गोप हम' यही गर्व से
तुमको कहना होगा;
और आत्मबलि देने को भी
उद्यत रहना होगा।
न्याय-धर्म के लिए लड़ो तुम,
ऋत-हित समझो-बूझो,
अनय राज, निर्दय समाज से
निर्भय होकर जूझो।
राजा स्वयं नियोज्य तुम्हारा,
यदि तुम अटल प्रजा हो;
धात्री नहीं, किन्तु बलिदात्री
बस अन्यथा अजा हो!

प्रस्तुत रहो, कृष्ण नूतन मख
रचने ही वाला है,
अब निर्मम विद्रोह मोह पर
मचने ही वाला है;
रही चुनौती आज हमारी,
अधिक क्या कहूँ, यम को ?
नई सृष्टि के लिए प्रलय भी
प्रेक्षणीय हो हमको !

## ग्वाल - बाल

अरे, पलट दी है काया ही
इस केशव ने काल की ;
बलिहारी, बलिहारी जय जय
गिरधारी—गोपाल की ।

अति कर दी अच्युत ने आहा !
भर दी गति-मति और ही ;
कर लेता है ठीक ठिकाना
वह चाहे जिस ठौर ही ।
नागर-नटवर होकर भी वह
हम सबका सिरमौर ही ;

हम हाथी-घोड़े हैं उनके
यमुना उसकी पालकी !
बलिहारी, बलिहारी, जय जय
गिरधारी—गोपाल की ।

हम मृग, वह मद, किन्तु अमर हैं
हम उसके सम्बन्ध से ;
भागे भय के कीट आप ही
उस गुण-धर के गन्ध से ।
गिरे असुर आ आकर कितने
द्रोह-मोह बस-अन्ध-से ;

तुलना हो सकती है उसकी
छाती से किस ढाल की !
बलिहारी, बलिहारी जय जय
गिरधारी—गोपाल की ।

मुरली है अपूर्व असि उसकी ,
विजयी है वह प्रेम का ;
वह गो-धन का धनी, हाथ है
उस उदार का हेम का ;
शिखि-शेखर को ध्यान सदा है ,
सबके योग-क्षेम का ।

राधा चिढ़े, श्यामता हरि की
है उसके विधु-भाल की !
बलिहारी,बलिहारी, जय जय
गिरधारी—गोपाल की ।

खेल उसीका, वही खिलाड़ी
और खिलौना भी वही ;
खेलें उसके संग सदा हम ,
इष्ट हमें बस है यही ।
हार-जीत का निर्णय राधा
करती रहे सही-सही ;

चिन्ता करे बलाय हमारी
जगती के जंजाल की !
बलिहारी,बलिहारी, जय जय
गिरधारी—गोपाल की ।

चोरों की है या विनोद के
धनियों की यह मंडली ?
घर का भद्र जहाँ भेदी है ,
वहाँ किसीकी क्या चली ।
चढ़ जाने में कुशल और हम
कूद भागने में वली ;

रस की तो है भली लूट भी
सो भी ऊँची डाल की !
बलिहारी,बलिहारी, जय जय
गिरधारी—गोपाल की ।

उस दिन वहीं हमें न मिला कुछ ,
यज्ञ हो रहा था जहाँ ;
द्विज न पसीजे, द्विजस्त्रियाँ ही
बनी अन्नपूर्णा वहाँ ।
माँ की जाति किसी बच्चे को
भूखा देख सकी कहाँ ?

भेजा उनके निकट, सूझ थी
यह किस बुद्धिविशाल की
बलिहारी,बलिहारी, जय जय
गिरधारी—गोपाल की ।

हाय ! एक द्विज ने दानव बन
निज देवी को धर लिया ;
क्या चाण्डाल रूप धारण कर
कुछ न हमें देने दिया !
मरी वराकी, किन्तु मरण ने
उसका मंगल ही किया ;

भागी हिंसा और भीति वह
स्वयं इन्द्र के जाल की !
बलिहारी, बलिहारी जय जय
गिरधारी—गोपाल की ।

उठा लिया सचमुच पहाड़ ही
गौरवमय गोविन्द ने ;
फूला इन्द्र और उसका रस
पिया मुकुन्द - मिलिन्द ने !
झलकाये कुछ कण हिम-से बस
उसके मुख-अरविन्द ने ;

गोवर्द्धन की दरियाँ थीं या
पुरियाँ वे पाताल की ?
बलिहारी, बलिहारी, जय जय
गिरधारी—गोपाल की ।

इतना करके भी बस हँस कर
यही कहा बलवीर ने—
'राधा जो न भरे नयनों में,
प्रलय किया था नीर ने!'
किन्तु पुलक ही दी राधा के
कोमल कुसुम-शरीर ने;

फिर भी तिरछी होकर उसने
भृकुटी कुटिल-कराल की!
बलिहारी, बलिहारी, जय जय
गिरधारी—गोपाल की।

वह गरुड़ध्वज मत्स्य न था, जो
चला बकासुर लीलने,
अघ-अजगर से हमें बचाया
उसी अलौकिक शील ने।
विष ही झाड़ दिया कालिय का
सहृदय सदय सलील ने;

आग पिये था, इस पानी से
हुई शान्त ही ज्वाल की!
बलिहारी, बलिहारी, जय जय
गिरधारी—गोपाल की।

यमुना बहा ले गई, पानी
उतर गया सुरराज का;
अन्त प्रलय का भी है आहा !
और वही दिन आज का।
हरियाली ही हरियाली है,
जब नव जन्म समाज का;

अब फिर बजे चैन की वंशी
उस माई के लाल की !
बलिहारी,बलिहारी, जय जय
गिरधारी—गोपाल की।

निर्मल - नीलाकाश हासमय
चमके चन्द्र - विकास में;
दमके कल-जल,गमके थल जल
कोमल - कुसुम - सुवास में।
लय से बँधा अराल-काल भी,
डूबे रासोल्लास में;

घूमे भूमण्डल भी गति से
सम भर कर स्वर-ताल की !
बलिहारी,बलिहारी, जय जय
गिरधारी—गोपाल की।

## नारद

हरि:ओम्, पर इसके आगे ?
शान्ति ? नहीं हो, शान्ति नहीं !
शान्ति अन्त में आप आयगी ,
व्यर्थ जन्म, जो क्रान्ति नहीं ।
लोक एक नाटक है प्रभु का ,
शोक रहे या हर्ष रहे ,
जिसमें अपना स्वांग सफल हो ,
यहाँ एक संघर्ष रहे ।

वह तो एक धूल-कण में भी
कहते हैं अस्तित्व जिसे ;
शुष्क पत्र-सा उड़ते जाना ,
जीना कहते नहीं इसे ।
जीवन में भी जब जीवन हो ,
तब सजीवता है जन की ;
नहीं प्रवाह मात्र में गति है ,
उठें तरंगें भी मन की ।
अपने प्रभु का कान लगा जन
विदित विनोद-विशारद मैं ;
पुत्रों से निश्चिन्त सदा को ,
पितर-जनों का नारद मैं ।
वृद्ध पिता का सुस्थिर यौवन ,
नहीं नहीं, चिर शैशव मैं ;
चिर चंचल, क्रीड़ा-कौतुकमय
और नित्य ही नव नव मैं ।
वादी संवादी स्वर लेकर ,
सीधा सभी बजाते हैं ;
पर प्रतिवादी स्वर भी मेरी
वीणा में बज जाते हैं ।
बिना विवादी के विनोद क्या ,
बस प्रयोग सर्वत्र बड़ा ;
बनें भैरवी भी मृदु-मधुरा ,
मेरा माध्यम रहे कड़ा ।

एक पुरुष को छोड़, प्रकृति की
परवशता सब में हेरी,
चोरी न करे चोर, किन्तु क्या
छोड़ेगा हेरा - फेरी ?
मुझे प्रणाम करे तो वह भी
शुभाशीष मुझसे पावे;
पर यह अच्छा नहीं, धनाधिप
जो सोता ही रह जावे।
आह्लादों के साथ भले ही
आवे क्यों न विषाद कहीं,
मेरे इस वसुधा-कुटुम्ब में
आ न जाय अवसाद कहीं।
कौशल दिखला सकते हैं हम
कठिनाई में पड़कर ही!
बने विजेता और बढ़े, सो
बाधाओं से लड़ कर ही;
जिसमें पापी के पापों का
घट झट से झट भर जावे;
पृथ्वी और स्वयं पापी भी
परित्राण चट पट पावे।
कर देता हूँ यथाशक्ति कुछ
योग उपस्थित मैं ऐसे;
कर दूँ अन्तर्दयादृष्टि से
देखा अनदेखा कैसे ?

बिगड़े का सुधार करने से
 बढ़ कर कोई कार्य नहीं,
क्या वाल्मीकि-समान व्यक्ति का
 नारद ही आचार्य नहीं ?
किन्तु उसे उपदेश व्यर्थ है,
 जो विनाश से बाध्य हुआ ;
तूर्ण मरण ही मंगल उसका,
 जिसका रोग असाध्य हुआ ;
अरे आग भी कभी लगानी
 पड़ जाती है हमें यहाँ ;
कूड़ा-कर्कट ही न अन्यथा
 भर जावे फिर जहाँ-तहाँ।
आग लगाकर हमीं दौड़ते
 पानी की झाड़ी को भी,
कटा खेत जलता जलता जो
 जला न दे बाड़ी को भी।
पानी है तो बरसेगा ही,
 है जो आग, लगेगी ही ;
जो समीर है सरसेगा ही,
 है जो ज्योति; जगेगी ही।
सीमा का वह द्वन्द्व अहा हा !
 इस असीम के ही नीचे ;
नारद तो निर्द्वन्द जायगा,
 पर क्या ये आँखें मीचे ?

देख रहा हूँ चाल काल की,
मैं क्यों उसमें आप फँसूँ ?
भीतर से रोना आता है,
बाहर से ही क्यों न हँसूँ ?
वह अलज्ज, जिसके हँसने में
कोई रोना छिपा न हो;
हास भूल, परिहास फूल, उप-
हास धूल, भूलो न अहो !
जीवन खेल नहीं, अथवा यदि
जीवन खेल नहीं तो फिर ?
किन्तु खेल में भी तुलना का
मिले न मेल कहीं तो फिर ?
पड़ती रहे हमीं पर दाई,
यह भी कोई खेल भला ?
सँभल खिलाड़ी, आज तुझे मैं
दौड़ाने की ठान चला !
देवि देवकी, एक वार फिर
तुझे कष्ट करना होगा;
वही क्रूर का कारागृह माँ,
फिर तुझको भरना होगा।
वेणु और व्रजबालाओं में
तेरा नटनागर भूला;
मुझे क्षमा कर, जाता हूँ मैं
कंस-निकट फूला फूला।

## देवकी

आधी रात जहाँ दिन में भी,
वहाँ रात, फिर पूरी!
किसे ज्ञात है, कहाँ हमारे,
फिरते दिन की दूरी?
फिर भी किस निश्चिन्त भाव से
सोते हो तुम स्वामी,
वही जानता है इस जी की,
जो है अन्तर्यामी॥

तब भी काल वीत जाता है,
जब जुग-सा पल-छिन है;
जिससे हम जी जायँ, हाय! वह
मरना महा कठिन है।
नाथ, कंस के हाथ उसी दिन
यदि मैं मारी जाती;
यह मरने से अधिक आपदा
तो तुम पर क्यों आती?
दासी के पीछे दुख पर दुख
सहना पड़ा तुम्हें है;
पुनरपि रुद्ध गुहा-से गृह में
रहना पड़ा तुम्हें है।
पर क्या ही विश्वासी हो तुम
जो अब भी आनन्दी;
हे मेरे राजा, तथापि तुम
वही अराजक बन्दी।
बन्दी जो जीवित रह कर भी
जीवन से वंचित है;
धन से, जन से और स्वयं जो
निज तन से वंचित है।
प्रखर चेतना, आह! आग-सी
जिसमें जाग रही है;
फिर भी जड़ीभूत लक्कड़-सा
जकड़ा पड़ा, वही है।

उसका घर, घिर जाय वायु भी
यदि उसमें घुस जावे,
टकरा कर पाषाण-भित्ति से
वही साँस फिर आवे।
तब भी कहाँ कहाँ मन उसका
फिरता मारा - मारा,
किन्तु अन्त में उस तामस की
वही कुटी यह कारा।
सूर्य-चन्द्र की झलक इसीसे
उसे दिखाई जाती,
हैं,—पर उसके लिये नहीं वे,
देखे वह अभिघाती।
अभिघाती, सच्चा या झूठा
दोष लगा है उस पर,
इसीलिए भय और साथ ही
रोष जगा है उस पर।
उसे मारना या मर मिटना,
क्षण क्षण सूझ रहा है;
तो भी तिल तिल मरता है वह,
कण कण जूझ रहा है।
उसके स्वजन बन्धु भी बाहर
बँधे बँधे रह पाते;
सबकी सुनते हैं, पर अपनी
नहीं कहीं कह पाते।

आँखें और कान रहते वह
नहीं देख - सुन सकता ;
बोल नहीं सकता मुहँ रहते ,
मन-मन गुन-बुन सकता ।
बिछड़ा ही वह नहीं वर्ग से
मृग-सा जाल-जड़ित है ;
नहीं तड़प भी पाता, यद्यपि
भीतर भरी तड़ित है ।
कैसे, कहाँ छूट कर जावे ,
आया है वह पकड़ा ;
श्वास हृदय से, हृदय देह से ,
देह निगड़ से जकड़ा !
आगे रुद्ध कक्ष, असिधारा ,
प्रहरी, परिखा गहरी ;
किन्तु अन्त में निकल जायगा ,
वह मौजी, वह लहरी ।
जब पुकार होगी अदृश्य से—
अरे निकल आ, आ जा ;
जीता उसे मारने को तब
रोक सकेगा राजा ?
राजा ! प्रभो, यही राजा है
तेरा प्रतिनिधि ? धिक्-धिक् !
क्या इस राजा और प्रजा का
वही एक विधि ? धिक्-धिक् !

धिक् तुमको, तेरे राजा को
वह है स्वेच्छाचारी ;
अविचारी, अन्यायी, वर्बर ,
केवल पशुवल - धारी ।
हाहाकार हमारा है सो
उसका वजता वाजा ;
आँखें हैं तो देख अरे तू ,
यही न तेरा राजा ?
बोल सके तो बता, इसी ने
तेरी सत्ता पाई ?
न पावे तो इस नृशंस की
सुन तू दुरित - दुहाई ।
धिक् निरीह-निर्गुणता तेरी !
अरे, धधक उठ, भक हो ;
तू समर्थ - साकार देख कर
यह मदान्ध भौंचक हो ।
अरी भूमि, तू आज कहाँ है ,
नहीं जानती यह मैं ;
रह, ले मेरी वाणी ,
बोल उठूँ क्या कहूँ मैं ?
कहाँ गया हे राम, आज वह
तेरा राज्य, अरे रे !
मरे—न, मारे गये अये ! वे
छै छै वच्चे मेरे !

बच्चे मेरे—मेरे बच्चे,
बोलूं मैं क्या जै-जै,
मेरा मन तो चिल्लाता है
एक, दो,—नहीं, छै-छै !
ओ हो, मृदुल मुकुल-से भी वे
मसल दिये इस खल ने ;
मांसपिण्ड, मक्खन के लौंदे
निगल लिये इस खल ने !
उनमें क्या था? श्वास मात्र ही
था बस आता - जाता ;
ललित तंत्र-सा, चलित यंत्र-सा,
फलित मन्त्र-सा भाता।
किन्तु क्या न था उन बच्चों में ?
रूप - रंग थे रूरे,
जीवन अदुरित हृदय विस्फुरित
अक अंकुरित पूरे।
दृष्टि डाल जनने वालों को
हनने वालों को भी,
देखा नहीं उन्होंने पल भर
वे हों चाहे जो भी।
दिखा गये वे तो बस अपनी
एक झलक ही हलकी ;
प्रेम - वैर दोनों की सीमा
इतने ही में छलकी।

निष्फल मेरा प्रेम हो गया,
वैर फला वैरी का;
मेरा कुछ न चला, क्या चलता
हाथ चला वैरी का।
पर उनके अपराध बता दे
कोई झूठे-सच्चे?
दोष यही उन निर्दोषों का—
वे थे मेरे बच्चे।
मेरे बच्चे, जैसे आये
चले गये वैसे ही,
क्यों आये, क्यों गये अरे, वे
ऐसे के ऐसे ही?
न तो यहाँ देखा न सुना कुछ,
न कुछ कहा निज मुख से,
रहे अपरचित ही अनीह वे
इस भव के सुख-दुख से!
हा भगवन्! हो गई व्यर्थ वह
प्रसव-वेदना सारी;
लेकर यह अनुभूति-चेतना
कहाँ रहे यह नारी?
उड़ता है छै टूक कलेजा,
कर हैं मेरे दो ही;
किसे किसे थामूँ, तू ही कह,
हे मेरे निर्मोही!

मेरे बच्चे, भूमि भार थे ?
　　　　और कंस गौरव है ?
तब तो इस धरती से अच्छा
　　　　लाख गुना रौरव है।
ऐसे मीठे थे मेरे फल,
　　　　कंस खा गया कच्चे !
कौन कहे, कैसे क्या होते,
　　　　बच कर मेरे बच्चे ?
किन्तु नहीं, वे नहीं गये, ये
　　　　अब भी यहीं बने हैं,
जाते कैसे कहीं, अन्ततः
　　　　मेरे ही न जने हैं।
इस अँधियारे में दीपक-से
　　　　ये क्या दमक रहे हैं ?
मुझे निरखते हुए नेत्र ये
　　　　कैसे चमक रहे हैं !
अब तो बड़े हो गये आहा !
　　　　आओ मेरे हीरे !
किन्तु तुम्हारे तात सो रहे—
　　　　उतरो धीरे धीरे।
मेरे षम्मुख - कार्तिकेय, तुम
　　　　मुझे घेर कर घूमो ;
आओ, अब तो तुम्हें चूम लूँ
　　　　और मुझे तुम चूमो।

पर अब भी बन्धन में हूँ मैं,
विवश, देख लो, बेटा;
और कंस उच्छृङ्खल अब भी
सुख-शैया पर लेटा।
जाओ मेरे पूत-प्रेत, तुम
प्रथम उसे लग जाओ,
सुख से सो न सके वह देखो,
'हूँ' कर उसे जगाओ!
'अरे, तनिक ठहरो, ठहरो तुम
अब भी छोटे छोटे
उधर कंस के भाव हुए हैं
पहले से भी खोटे।
लो, मरवाया तुम्हें दुबारा
हा! माँ होकर मैंने;
फिर भी खोया, पाया था यह
तुमको खोकर मैंने।
यह कारा, यह अन्धकार, यह
बन्धन, सभी सहूँगी;
भूल गई, वह बात भूल कर
अब मैं नहीं कहूँगी।
स्वामी! स्वामी! उठो, हाय क्या
मैंने सपना देखा?
जगी-बुझी अपने प्रकाश की
अभी छै मुखी रेखा!

चौंको मत, पागल हूँ कैसे ?
मुझको सभी स्मरण है,
भूला उनका जन्म मुझे या
भूला मुझे मरण है ?
वे तो चले गये, पर उनका
घातक अब भी बैठा ;
चलो, दिखा दूँ, पुण्य गये पर
पातक अब भी बैठा ?
हाँ, हाँ धरलो, मुझे अंक में
भर लो मेरे भोगी !
योगी हो तुम, संयोगी भी
और तुम्हीं उद्योगी।
इसी कोख से जनती जाऊँ
उन्हें निरन्तर तब लौं,
ध्वंस न कर दें कंस-राज्य वे
मेरे जाये जब लौं।
अथवा नहीं ठहर सकती मैं,
मास दूर, नौ दिन भी ;
पड़े नहीं क्या मेरे मत्थे
कुग्रह कुटिल कठिन भी ?
देखो, वही भाल यह मेरा,
अब यह क्या फूटेगा ?
छोड़ो, छोड़ो द्वार-पटल यह
अभी अभी टूटेगा !

क्या कहते हो, जना जा चुका
कंस - काल वह काला ?
काला, अहा ! वही तो मेरे
अन्तर का उजयाला ।
घन-सा काला, जाग रही है
जिसमें विद्युज्ज्वाला ;
वह लीलामय मेरा लाला,
हाँ, वह मेरा लाला ।
सुदृढ़-भित्ति पर जब गवाक्ष से
आभा आ पड़ती है,
देखा करती हूँ मैं, उसकी
छाँई - सी झड़ती है !
लेखा करती हूँ मैं मन मन,
अब आया, तब आया ;
किन्तु कहाँ आया वह मेरा
आशा - धन, कब आया ?
अरे, देख तू यहाँ रही यह,
तेरी दुखिया मैया ;
बोल कहाँ तू कुँवर कन्हैया,
मेरे राजा भैया !
सुनूँ तनिक मैं भी वह मुरली,
देखूँ, दोहन तेरा ;
रहे न मुझको शंखनाद ही
मेरे मोहन, तेरा ।

मेरे तात - चरण की, मेरे
पति - दैवत की मेरी
मेरी जाति और ओ मेरी
धरती माता, तेरी—
यह बन्धन-वाधा अव कब तक ?
नहीं अधिक अब देरी ;
भाई कंस, चेत जा तू भी ,
यह काले की फेरी !
नाथ, उसीकी बात करो अब ,
सुनूँ तनिक मैं मन से ;
वही मुक्ति देगा बस हमको
इस दारुण - बन्धन से ।
अव अपमान छूटने में भी
क्रूर कंस के द्वारा ;
मेरा लाल छुड़ा न सके तो
भली मुझे चिरकारा !

## उग्रसेन

रानी—नहीं नहीं, हम-तुम क्या
अब राजा-रानी हैं ?
झूठे पद स्वीकार करें वे
जो मिथ्या मानी हैं।
किन्तु प्रजा भी उसकी कैसे
हम अपने को मानें,
संगिनि, हम दोनों अब क्या हैं,
यह ईश्वर ही जानें !

फिर भी रहें पिता-माता हम ,
सुत न रहे सुत चाहे ;
वह भूला, हम भी भूलें तो
किसको कौन निबाहे ?
रहने दो आक्रोश आज यह ,
ओह ! काल को देखो ,
अब भी वह अपना है, अपने
मोह - जाल को देखो !
धरा स्वयं दोषों ने उसको ,
तुम क्या दोष धरोगी ?
शान्ति-पाठ ही करो, व्यर्थ क्यों
उस पर रोष करोगी ।
आज वही दयनीय वस्तुतः ,
अक्षम चाहे हम हों ,
वह यदि निर्मम हुआ, कहो तो
क्या हम भी निर्मम हों ?
न दो उसे अभिशाप, अन्ततः
तुमने जिसे जना है ;
स्वत्व मात्र लेकर ही तो वह
राजा आज बना है ।
योग्य वयस्क व्यक्ति की थाती
कोई उसे न देवे ,
तो उसका अधिकार, उसे वह
बलपूर्वक ले लेवे ।

उसका राज्य सौंप कर उसको
यदि हम वन को जाते ;
तुम्हीं विचारो, तो हम क्यों इस
कारागृह में आते ?
लोभ वस्तुतः रहा हमारा ,
क्षोभ वृथा हम मानें ,
नये कहाँ बैठें सोचो, यदि
हटें न यहाँ पुराने ?
बात वस्तुतः है इतनी ही ,
कहता मेरा जी है—
उसने आतुरता, तो हमने
दीर्घसूत्रता की है ।
जहाँ उपेक्षा हुई काल की
वह अकाल न हो क्यों ?
पल पल की तुम कुशल मनाओ ,
मनुज, कहीं न रहो क्यों ?
ओहो ! दैत्य जना है तुमने ?
तुम यह क्या कहती हो ?
सुध करके फिर व्यर्थ प्रसव की
पीड़ा क्यों सहती हो ?
दैत्य - पिता होना भी अपना
मैं सहर्ष सह लेता—
आज कहीं प्रह्लाद पुत्र ही
लोक उसे कह देता !

सच पूछो तो ऐसा अद्‌भुत
अपना यह मानव ही,
कभी देव बन जाता है जो
और कभी दानव ही।
मैं कहता हूँ, यदि मनुष्य ही
बने मनुष्य हमारा,
तो कट जाय देव-दैत्यों का
कलह-कलुष यह सारा।
होते ही मर गया क्यों न वह!
अरे, उसे जीने दो;
अवसर दो, अवसर दो हे हर
हरे! उसे जीने दो।
अद्‌भुत बली, विचित्र साहसी,
हुआ न होगा ऐसा;
जैसा करना उचित, करे यदि
एक बार वह वैसा।
पापी भी न मरे, मर कर वह
हाय! कहाँ जावेगा?
उलटा नया जन्म ले लेकर
लौट यहीं आवेगा।
तभी तुम्हारा त्राण, मुक्ति जब
स्वयं उसे मिल जावे;
यही मनाओ, पंक-पंक में
एक पद्म खिल जावे।

भुजबल का ही विश्वासी वह,
सत्ता का साधक है।
पर शिवहीन शक्ति का साधक
बाधक ही बाधक है।
दुष्कर करने में ही उसकी
बुद्धि गर्व करती है;
नग्न शक्ति शिव के ऊपर ही
उन्मद पद धरती है।
दुर्लभ हैं निश्चय वह, उसमें
सहज शूरता जैसी;
फिर भी एकाकिनी शूरता
हाय! क्रूरता जैसी।
विफल वीरता किसी वीर की,
यदि यह धीर नहीं है;
कीच मचेगी उस पानी में,
जो गम्भीर नहीं है।
उसकी निन्दा करें भले ही
पीछे निर्बल नर भी,
रह सकता है किन्तु उपेक्षा
करके क्या ईश्वर भी?
अपने लिये अन्त में इतना
गर्व उसे निश्चय है,
किन्तु हृदय में यही सोचकर
मुझको भय—अति भय—है।

क्षमा करे उसको न तत्समा
बहिन देवकी दीना,
पर माँ होकर हो सकती हो
तुम क्या ममता-हीना?
देख मुझे बन्धन में, तुमसे
रहा नहीं यदि जाता;
तो क्या उसका पिता नहीं मैं
तुम ज्यों उसकी माता?
कारागृह में हैं हम दोनों,
गिनो लाभ ही इसको,
और नहीं तो बाहर रह कर
मुहँ दिखलाते किसको?
कुछ सुन पड़ता नहीं हमें अब
कोई क्या कहता है?
यह सुविधा भी सहज किसी की
दैव कहाँ सहता है?
सहें भले ही हम यह बन्धन-
पीड़ा - व्रीड़ा - दायक,
किन्तु सहेगा इसे कहाँ तक
अपना मुक्ति-विधायक।
मुझे दीखता है, फिर हमको
बाहर जाना होगा,
उठे जहाँ तक, इस जीवन का
भार उठाना होगा।

वास शान्त-एकान्त हमारा,
समय मनन-चिन्तन का,
मंगल इससे अधिक और क्या
अब मुझ जैसे जन का?
तदपि हाय! औचित्य हीन यह,
यही दुःख है मन में;
विधि से जो सहधर्म, अवधि से
वही कुकर्म भुवन में।
तुम्हें क्रोध आता है रह रह,
किन्तु मुझे तो रोना,
और दैव हँसता है उस पर,
अव किससे क्या कहना?
भय देकर ही कोई भव में
यदि चिर जय पा सकता,
तो नय और विनय की किसको
होती आवश्यकता।
जला जा रहा आप काठ-सा
अग्निरूप - धारी वह;
भस्म मात्र ही होने को है
उद्धत अविचारी वह।
यदि वह भस्म रमा कर कोई
कहीं साधु बन पाता,
तो विभूति कह कर उसको भी
मैं कृतार्थ हो जाता!

ओ सत्ता-मदमत्त ! आज भी
आँखें खोल अभागे !
वह साम्राज्य-स्वप्न जाने दे ,
जाग, सत्य यह आगे ।
जो आतंक दिखाया तूने ,
देख उसीको अब तू ;
और टूटने को प्रस्तुत रह ,
लच न सके हाँ, जब तू ,

## कंस

नियति कौन है ? एक नियन्ता
मैं ही अपना आप ;
कर्म - भीरुओं का आकुंचन ,
एक मात्र यह पाप ।
धर्म एक, बस अग्नि-धर्म है ,
जो आवे सो छार !
जल भी उड़े बाष्प बन बन कर
मल भी हो अंगार !

फूँक-फूँक कर पैर धरोगे
धरती पर तुम मूढ़ ?
तो फिर हटो, भाड़ में जाओ ,
पाओ निज गति गूढ़ ।
मैं निश्चिन्त बढ़ूँगा आगे ,
पहने पादत्राण ;
बचें कीट-कंटक, यदि उनको
प्रिय हैं अपने प्राण ।
बनता नहीं ईंट - गारे से
वह साम्राज्य विशाल ;
सुनो, चुने जाते हैं उसमें
रुधिराप्लुत कंकाल !
लिखो भले उसकी भीतों पर
दया - धर्म के चित्र ;
सदा भुलाते रहें जनों को
जिनके चटुल चरित्र ।
देख कहीं दो बूँद नेत्र-जल
तुम गल गये तुरन्त ;
जान लिया तो बस मिट्टी के
पुतले हो तुम सन्त !
ठीक अंक में पा सकती है
कोई मृदुता-मूर्ति ;
किन्तु हृदय में एक कठिनता
कर्मठता की पूर्ति ।

जितने भी बन्धन हैं, वे सब
अबलों के ही अर्थ ;
बन्धन बन्धन ही हैं, तोड़ो ,
यदि तुम सबल समर्थ ।
ठहर ब्रह्मवादी, बकता है ,
तू क्या अब्रह्मण्य ?
तेरा ब्रह्म और तू दोनों
मेरे निकट नगण्य ।
अटल एक ही न्याय जगत में ,
वह है मत्स्यन्याय ;
और एक ही असमर्थों का
है बस, मरण उपाय ।
चुप रह, भावि बुद्ध के बच्चे !
ले तू अपनी बाट ;
नागर बन कर भी क्या तूने
छोड़ी वन की चाट ?
मैं हूँ अहंब्रह्म-विश्वासी ,
परब्रह्म है कौन ?
नर ही नारायण है, नर मैं ,
सुनो इसे अब मौन ।
भाग्यवान भगवान आप मैं ,
सब हों मेरे भक्त ;
नियम मानते हैं अशक्त ही ,
[illegible] कहें [illegible] ।

वढ़ा बढ़ा कर जन्म जन्म में,
मैं मन के संस्कार,
कर सकता क्या नहीं एक दिन
अग-जग पर धकार ?
क्या कर सकता नहीं आप मैं ?
मेरा कर्त्ता कौन ?
कोई सिद्धि, जिसे मैं चाहूँ,
उसका हर्त्ता कौन ?
साँप न जाय न लाठी टूटे,
बुरी नहीं यह रीति;
किन्तु कापुरुषता है फिर भी,
कूटनीति क्या नीति;
टूट जाय टूटे जो लाठी,
बने रहें भुजदण्ड;
देखे मुझे लपेट नाग भी,
करूँ शुण्ड सौ खण्ड।
कलाकार था वह, जिसने की
नग्न रूप की सृष्टि;
किन्तु नग्नता पर ही पहले
पड़ी सत्य की दृष्टि!
कुछ भी गोपन रहे न मुझको
देखूँ सब प्रत्यक्ष;
झीना भी आवरण न रक्खे,
मेरा कोई लक्ष।

कहने भर के लिए एक मिस
ले रखना है ठीक ;
बने प्रकृति - पन्थी नंगे भी
नाचो तुम निर्भीक ।
सबका यहाँ समर्थन देखा ,
सबका यहीं विरोध ।
पियो मोद से, बना रहे बस
तुमको मेरा बोध ।
बाधक और वृद्ध हो तुम तो
बद्ध रहो चुपचाप ;
रहो भले ही फिर तुम मेरे
बहनोई या बाप !
अरी देवकी, क्यों फिरती है
मेरे आगे दीन ?
राजा का आत्मीय कौन है ,
जो है आज्ञाधीन ।
श्रीफल फोड़ फोड़ कर कितने
बलि देते हैं लोग ;
कुछ शिशुओं के सिर की बलि दे
साधा मैंने योग ।
मैं शिशुपाल नहीं, सोचें वे ,
सिहरें जिनके गात्र ;
जरासन्ध का जामाता मैं ,
कह लोकपति मात्र ।

जैसे फल वैसे ही सिर भी
काट सके सो धार ;
पुण्य-पाप क्या है, पौरुष ही
एक मात्र है सार ।
रोया करें क्यों न किन्नर-कवि
कह कर मुझे नृशंस ;
किन्तु अपौरुषेय क्या उनका ,
यदि अमानुषिक कंस ?
तुम विश्वास करो तो कोई
क्यों न करेगा घात ?
दिखला दी वसुदेव-देवकी
दोनों ने यह बात ।
घुसी दया बन कर दुर्बलता ,
हट दुर्बलते दूर ;
कंस बली है, कहे भले ही
कोई उसको क्रूर ।
फिर भी इसे मानता हूँ ,
भय का नाम परोक्ष ;
वे शिशु फिर न जियें, पाकर भी
मेरे हाथों मोक्ष ।
वे मेरे देखे, पर ओहो !
उनकी आकृति आज !
धूमकेतु में पलट गया क्या
वह नक्षत्र - समाज !

सर्प - रूप धर क्लिन्न केंचुए
करते हैं फुङ्कार ;
अथवा ये झंझा के झोंके
भरते हैं हुङ्कार ।
दीप-शिखा बढ़ बुझी अचानक ,
यह कैसा उत्पात ?
क्या सचमुच मैं सिहर उठा हूँ ,
यह लज्जा की बात ।
आवे, आवे, जो चाहे सो
दिखलावे निज नाच ;
बैठा हूँ मैं आप तिमिर में
बन कर प्रेत-पिशाच ।
जाओ बच्चो, तुम अनन्त में ,
विचरो, यही विवेक ;
देखूँ उसको जो तुममें से
बच निकला है एक ।
सुना, किशोर मात्र है केशव
सम्मुख नहीं परन्तु ;
तभी जान पड़ता है मुझको
एक बड़ा - सा जन्तु ।
धिक्,फिर भी क्या चौंक गया मैं ,
ढीला पड़ा किरीट !
अच्छा देखूँ क्यों न बुला कर
कैसा है वह कीट ।

यह घन गरजा, हाँ, समुचित है
इसका तर्जन - नाद,
सचमुच मैं कर गया उपेक्षा,
मुझसे हुआ प्रमाद।
और इसीसे वासुदेव बच
बड़ा हो गया आज;
भीति न जगती हो, पर मुझको
लगती है यह लाज।
धर बैठा वह मोरमुकुट भी
शासन - दण्ड सुवेणु;
नारद का कहना है—'मेरी
वीणा है वसु रेणु।'
कहते हैं, कुछ चमत्कार भी
दिखलाता है कृष्ण,
उसका मरणामृत पीने को,
मैं भी आज सतृष्ण।
धड़कन नहीं, चला है मेरे
भीतर एक प्रवाह;
यह क्या, यह क्या, चमकी चपला—
अम्बक की असि आह!
भित्ति-चित्र भी चलते-से क्या
दीख गये क्षण काल?
द्वापर ही द्वापर है मेरे
चारों ओर अराल।

अरे, कौन है ? बुला शीघ्र ही ,
आवे वह अक्रूर ;
कह दे, बाहर जाना होगा ,
पर थोड़ी ही दूर ।
भ्रम हो, भय हो, अप्रत्यय हो ,
संशय, अनृत, यथार्थ ,
जो भी हो, आ जावे खुलकर
देखे फिर पुरुषार्थ ।

## अक्रूर

नहीं मनोरथ के कुरंग ही,
रथ-तुरंग भी भटके;
पर मरीचिका में लटके या
इस मधुवन में अटके?
आ पहुँचा वृन्दावन यह मैं;
क्या ही पुण्य-प्रभा है;
वाम यही यमुना रानी का,
मथुरा राज-सभा है।

श्याम समाया कालिन्दी में
या उसमें कालिन्दी ?—
वेला ने जिसके माथे पर
दी सेंदुर की विन्दी।
कौन कर रहा है वह कलकल,
डाल उसे हलचल में ?
यौवन-शिशु ही मचल रहा है
चंचल - जल - अंचल में !
बँधी-बँधी थी; मुक्ति पा गई
दृष्टि हरे प्रान्तर में ;
अन्तर में एकान्त भाव भर
आता है पल भर में।
उस एकान्त भाव के भी ये
शान्ति - कुञ्ज झुरमुट हैं ;
सजल कान्ति के नीलकमल-से
बाँधे सुख - सम्पुट हैं।
जहाँ अकृत्रिम शुद्ध-वायु-गति-
गन्धमयी - मदमाती ;
नहीं लक्ष्य में, अनुभव में ही
ईश्वर-सी है आती ;
मैं तो आज कृतार्थ हो गया,
नई पुलक यह पाके ;
भूमि-भूमि का गुण विशेष है,
देखे कोई आके।

क्या जाने, क्या देख यहाँ पर
यह औत्सुक्य उमड़ता—
मानो अभी किसी झुरमुट से
वह है निकला पड़ता।
सखा साथ में वेणु हाथ में,
ग्रीवा में वनमाला;
केकि-किरीट, पीत-पट-भूषित,
रज-रूषित लटवाला।
द्विज-गण शान्ति-पाठ करते हैं,
द्रुम कुसुमाञ्जलि धारे;
खड़ी दिग्वधू, लिए हेम-घट,
अपना तन-मन वारे!
हुआ प्रफुल्लित सुख से मानो
दिन भी जाते-जाते;
गायों के काँचल, माँओ के
आँचल उमगे आते।
देखो जिधर उधर ही भू पर
फूल रही हरियाली;
पर, नागर नर छींटेगा ही
यहाँ रुधिर की लाली!
प्रकृति-पुरुष की वत्सलता की,
गद्गद् नदी वही यह;
नरव्याघ्र की रक्त पिपासा
फिर भी बनी वही वह!

'सिंह कहीं चारा चरते हैं ?'
दर्प पाप का कैसा ?
जीव, न जाने, मिला मुझे फल
किस कुशाप का ऐसा।
जी सकते हैं देख, सर्प भी,
होकर पवनाहारी !
पर उनमें भी द्वेष-दम्भ है,
विष, तेरी बलिहारी।
पशु-पंछी अज्ञानी ठहरे,
लगे, जो लगे करने;
किन्तु ज्ञान पाकर भी उसका
किया निरादर नर ने।
धरती पर जो पैर न धरते,
मिले धूल में वे भी,
उछले बहुत, परन्तु अन्त में
थे अकूल में वे भी।
सौ से सबल, तथापि एक से,
तुम भी अबल पड़ोगे;
होगा क्या परिणाम, सोच लो,
यदि तुम यहाँ लड़ोगे।
तुम निर्माण नहीं कर सकते,
फिर क्यों नाश करोगे ?
जीने देकर जियो, मार कर
क्या तुम नहीं मरोगे ?

वनो अग्निशर्मा - वर्मा तुम,
सुनो किन्तु अभिमानी,
जो है आग, आग ही है वह,
पानी है सो पानी।
कितना ही उष्णत्व क्यों न दें,
उफना दें दृग जल को,
किन्तु बुझा देगा स्वभाव से
शीतल सलिल अनल को।
मार्मिक धर्म समीर-धर्म है,
सभी साँस लें जिसमें;
मृदुता और प्रबलता दोनों
एक साथ हैं इसमें।
किन्तु स्वयं तुम शुद्ध नहीं तो,
कोई धर्म तुम्हारा;
कितना ही प्रबुद्ध हो, कलुषित
है सारा का सारा।
कंसराज कुछ कहें, प्रथम ही
काँप गये वे भय से;
शिशुओं ने ही उन्हें हराया,
केवल निज संशय से।
वीर-वली थे, तो उन सबको
आप अभय देते वे;
शत्रु एक उनका जो होता
उसे समझ लेते वे।

भागिनेय से अपना मरना,
सत्य उन्होंने माना;
तो फिर सत्य अनृत क्यों होगा,
इसे क्यों नहीं जाना?
किसी दृष्टि से भी न उचित था
बच्चों का वध करना;
वैरी के हाथों मरने से
भला बन्धु से मरना।
क्या कर सका परिश्रम उनका?
कुफल पाप ही उसका;
टल जावे तो मरण नहीं वह,
वरण आप ही उसका।
भावी नहीं, न आवे यदि वह
करने को मनचाहा;
भेजा गया स्वयं यह उलटा
स्वागतार्थ मैं आहा!
पहले ही अनुमान मुझे था,
आज स्वयं देखूँगा;
कैसे कहूँ, देखकर उसको
भाग्य नहीं लेखूँगा?
वारी जाय न जाय भले ही
सारी सृष्टि उसी पर,
लगी सतृष्ण देवकी की वह
कातर दृष्टि उसी पर।

यह मयूर ऊँचा मुख करके
"कौन, कहाँ" कह बोला ;
अरे, बताऊँ मैं क्या तुझको,
नाच उठा तू भोला।
तेरा घनश्याम-घन हरने
पवन-दूत बन आया ;
काम क्रूर, अक्रूर नाम है,
वञ्चक बना बनाया !
हाय ! रँभावेंगी कल गायें,
माताएँ रोवेंगी ;
वृन्दावन की विपिन-देवियाँ
सुध कर सुध खोवेंगी।
बोल सकेगी बाष्प-वेग-वस
क्या कोई ब्रजबाला ?
चला जायगा खिजा खिजाकर
उन्हें रिझाने वाला।
कब लौटेगा ? कौन कहे यह,
फिर भी यह प्रत्यय है ;
उसके लिये नहीं भय कोई,
निश्चय जय ही जय है।
अथवा लौटेगा तो तब वह
जब जाने पावेगा ?
अब तक नयनों में था, पर अब
मन में रम जावेगा।

## नन्द

नन्द लौट आया मथुरा से,
हे ईश्वर, क्या लेकर ?
यह सन्तोष—"देबकी का वह
कोष उसी को देकर।"
नहीं नहीं, दे सका कहाँ यह
लोलुप मन उस धन को ?
तब तो तम तकना पड़ता है
तस्कर ज्यों इस जन को !

यह गोकुल का घोड़ा, गाड़ी
खड़ी क्यों रहे, जावे ;
मेरी बाट यशोदा की टुक
आशा को अटकावे ।
दिन जाने पर भी कुछ क्षण तक
अरुणाभा रहती है ;
और एक आश्रय लेने का
यात्रा से कहती है ।
तब तक मैं भी तनिक अकेला
रह कर जी भर रो लूँ ।
मानस के जल से मुख धो लूँ ,
कटि कस प्रस्तुत हो लूँ ।
श्याम नहीं तो तनिक श्यामता
सन्ध्या में आ जावे ,
ठीक किसीको यह जन, कोई
इसको देख न पावे ।
अयि सन्ध्ये, ले जा यह सोना ,
तमसा टूट पड़ेगी ,
नहीं फिरा वह रत्न, आज तू
कह क्या यहाँ जड़ेगी ?
लौटा नहीं सरोज, भृङ्ग तो ,
रख फिर भी संपुट तू ;
तब तक उसका स्वप्न देखकर
कुमुद, मुदित हो स्फुट तू ।

शून्य-गगन, तेरी गोदी को
अभी इन्दु भर देगा;
पर मेरी जीवन-सन्ध्या का
तिमिर कौन हर लेगा?
कौन हूक उठ रही न जाने
यह मेरे गोकुल से;
उतरूँगा क्या पार हाय! मैं
इसी धुवें के पुल से!
आ गोधूलि, तुझे लूँगा मैं
अब भी इन पलकों पर;
किन्तु न बैठ सकेगी अब तू
उड़ कर उन अलकों पर।
तनिक आड़ में हो जाऊँ मैं,
इस झाऊँ में झुक कर,
ताक रहीं बाँ बाँ कर गायें
इधर-उधर, रुक रुक कर।
वत्सों के पीने में भी ये
दूध चढ़ा लेती थीं,
और हाय! मेरे मोहन का
भाजन भर देती थीं।
गई यशोदा की बेटी तो
क्या उसके विनियम में;
नन्द आज भी दे सकता है
सब कुछ उसके जय में?

सफल जन्म मेरी बेटी का,
बची विश्व की थाती;
उतरा भार मही माता का,
मरा कंस कुल-घाती।
गोकुल की रक्षा कर उसको
ध्रुव गोलोक मिला है;
धन्य मुझे गद्गद करके ही
उसका शोक मिला है।
रोने लगी देवकी दुखिया
जब वह मुझसे भेंटी—
"बेटा कैसे लूँ लौटाये
बिना तुम्हारी बेटी?"
मैं भी रोने लगा देखकर
उसकी दारुण बाधा—
"शुभे, शान्त हो, व्रज में बैठी
मेरी बेटी राधा।"
किन्तु वस्तुतः मैं बेटी की
आज विदा कर आया;
पुत्र-रूप में ही राधा को
यहाँ नन्द ने पाया।
हा! तथापि मुहँ दिखलाऊँगा
कैसे उसे यहाँ मैं?
गया खेल ही बिगड़ खिलौना
लेने गया जहाँ मैं!

भहराती डोलेंगी गायें
बछड़ों से भी बिचकी ;
युवक कहाँ उत्साहित होंगे
लेने को अब भिचकी ?
आ बैठेंगे वृद्ध पौर में
बालक नहीं जुड़ेंगे ;
उस विस्तृत आँगन के ऊपर
केवल काग उड़ेंगे !
हाय ! उलहना लाकर हमसे
अब कोई न लड़ेगा ;
मिसरी तो चींटियाँ चुगेंगीं ,
माखन किन्तु सड़ेगा ।
छिपा यशोदा के आँचल में
राधा का मुख होगा ;
फिर भी हरि को दुःख न हो कुछ ,
हमें यही सुख होगा ।
मिलो शावकों से विहंग, उड़
निज निज कोटर जाओ ;
मुझसे न कहो—"निशा निकट है ,
तुम भी तो घर जाओ ।"
यद्यपि मेरा हरि सुख-पूर्वक
बैठा राज-भवन में ,
फिर भी मेरे लिए आज क्या
है मेरे गृह-वन में ?

हे मधुवन के पवन, न पूछे
कोई मुझसे आकर,
कह दे तू ही आज कृपाकर
सबसे यह जा जाकर —
नहीं किसीका, नहीं किसीका,
वह मेरा, वह मेरा ;
केवल गोकुल ही उसका घर,
और जहाँ है डेरा।
फिर भी मेरा गोकुल, मेरा
वृन्दावन अब ऊना ;
मेरा यमुना-तट बंशीवट,
दूर - निकट सब सूना।
मूक-स्तब्ध सजनता मेरी,
कलकल - विकल विजनता ;
एक तीसरा थल होता तो
मेरा रहना बनता !
कहते हैं इसकी या उसको
किसी एक को चुन लो ;
पर मेरा यह वहीं जहाँ वह,
सभी देख लो—सुन लो।
मेरे आशा-कुञ्ज, न सूखो,
उसे कहाँ लाऊँगा ?
उसने मुझसे यही कहा है,
"मैं सत्वर आऊँगा।"

## कुब्जा

कंसराज के लिए ले चली
फूल और चन्दन मैं,
पहुँच पार्श्व से बोला पथ में—
"शुभे, नन्दनन्दन मैं।
किसके लिए लिये जाती हो
तुम पूजा की थाली?"
यह कहकर क्या जाने, कैसे
मुसकाया वनमाली।

रवि-शशि लटके रहें शून्य में ,
उसमें सार भरा था ;
धन्य, धरा ने ही उस धन का
गौरव - भार धरा था ।
अथवा अपने पैरों पर ही
खड़ा आप वह नर-वर ;
वची रसातल जाने से यह
धरा वही पद धर कर ।
कसी क्षीण कटि, पीन वक्ष था ,
कच कंधरा ढके थे ;
स्वर्ण-वर्ण के उत्तरीय में
चित्रित रत्न टके थे ।
दुगुने-से दो भुज विशाल थे
पार्श्व छीलते - छिलते ;
गंड-द्युति-मण्डल से मण्डित
द्युति-कुण्डल थे हिलते ।
चिवुक देख फिर चरण चूमने
चला चित्त चिर चेरा ;
वे दो ओंठ न थे, राधे, था
एक फटा उर तेरा !
फिर भी उसके दन्त-हास में
मोती खो जावेंगे ;
उस नासा को निरख कुटिल भी
सीधे हो जावेंगे ।

देख लिया मैंने सहस्रदल
ले उस मुख की झाँकी ;
वृद्ध न होकर वाल बनी थी
पलट प्रौढ़ता बाँकी ।
उन काली आँखों में कैसी
उजली दृष्टि निहारी ;
जान पड़ा व्रज-कुञ्ज-विहारी
मुझको विश्व विहारी !
श्याम-रूप, हो न हो राम ही
पुनः आप आया वह ;
पर इस कंसपुरी में भी क्यों
नहीं चाप लाया वह ?
हृदय सशंक हुआ पर आहा !
वंक भृकुटियाँ तीखी,
निज विलास में विश्व नचाती
वंशीधर की दीखी ।
मेरे मन की मूर्ति ढली थी
उसके साँचे में वह ;
खेल रहा था नारायण ही
नर के ढाँचे में वह !
मोर-पंख भी मुकुट बना था
उसके अपनाने से ;
सिंह पुरुष बन जाय हाय ! वह
पीताम्बर पाने से !

पड़ी तरल यमुना तरंगिणी
घनी खड़ी हो जावे,
तो उस अंग-भंगिमा का कुछ
रंग - ढंग वह पावे।
वह सजीव रचना थी युग की
पल में आकर झलकी;
नहीं समाई जड़ - जंगम में
छवि उसकी जो छलकी।
काम रूप-धारी वह जलधर
जगमग ज्योतिर्मय था;
धन होकर भी सहृदय था वह;
निर्भय किन्तु सदय था।
ललित-गभीर तदपि चंचल-सा
वह विस्फूर्ति - भरा था;
मूर्तिमन्त भव - भद्र भद्र-सा
श्यामल हरा हरा था।
राधा ने पहनाया होगा
वह रज - कंकण उसको;
और मिल चुकी थी जय निश्चय
वहीं उसी क्षण उसको।
व्रजरानी के विजयी वर के
धरे चरण ही चेरी;
पर अपने अतिरिक्त भेंट क्या
हो सकती है मेरी?

देखा मैंने, देव आज ही
मेरे आगे आया ;
अब तक दानव-पूजन में ही
मैंने जन्म गँवाया ।
मैं ऊँची न हो सकी फिर भी
हिलते हाथ बढ़ाये ;
माथे पर चन्दन, चरणों पर
मैंने फुल चढ़ाये ।
बायें कर से सिर सँभाल कर
धर दायें से ठोढ़ी,
किया मुझे उत्कर्षित उसने,
शक्ति लगा कर थोड़ी ।
देख पैर उठते, चरणों से,
हँस कर उन्हें दबाया ;
मैं उठ गई और कूबड़ का
मैंने पता न पाया !
चमक गई बिजली-सी भीतर,
नस-नस चौंक पड़ी थी ;
तनी, जन्म की कुब्जा क्षण में
सरला बनी खड़ी थी ।
चिबुक हिलाकर छोड़ मुझे फिर
मायावी मुसकाया ;
हुआ नया प्रियस्पन्दन उर में,
पलट गई यह काया ।

मैं ही नहीं, सृष्टि ही सारी ,
पलट गई थी पल में ;
उतर इन्द्र का नन्दन वन-सा
छाया था भूतल में ।
इस भव में रस और भाग था
मेरा भी उस रस में ;
छूटे स्रोत, साथ ही शतदल
फूटे इस मानस में ।
सत्य हुआ मैं देख रही थी
अनदेखे सपने को ;
आत्म-ग्लानि छोड़कर मैंने
देखा तब अपने को ।
"अब फिर कभी मिलूंगा" कहकर
हँसता चला गया वह ;
ज्यों ज्यों दूर गया, मानस में
धँसता चला गया वह !
धरती ही देखी थी मैंने ,
पृष्ठ-भार से झुक कर ;
अब ऊँची ग्रीवा कर सीधे
देखा नभ रुक रुक कर ।
ओ हो ! वही सुनील वर्ण था
उसी मदन-मोहन का ;
एक पक्षिणी-तुल्य ठौर ही
बहुत वहाँ इस जन का ।

हरा-भरा भूतल भी ऐसा
देखा मैंने कब था;
शस्यश्यामल वर्ण वहाँ भी
उसी श्याम का अब था।
अहा! उसीमें एक कुसुम-सा
यह जन भी खिल जावे;
मुझे और कुछ नहीं चाहिए,
बस इतना मिल जावे।
देखा मैंने, रँगा उसीके
रँग में निर्मल जल है;
अनल उसीकी आभा धारे,
अनिल गंध-गति-चल है।
एक तरंग, एक चिनगारी,
एक साँस मैं उसकी;
बजे वेणु उस नट नागर की,
एक साँस मैं उसकी!
मेरा तत्व-तत्व तन्मय था,
किसे कंस का भय था?
लौट पड़ी मैं घर वैसी ही,
जन जन को विस्मय था।
किन्तु मुझे निर्जन अभीष्ट था
चिन्तनार्थ कुछ मन के;
अपने को भी देख सकी थी
मैं क्या विम्बित बन के।

लेने नहीं, राज्य देने ही
वह विक्रान्त चला था ;
कंस मरा, पर उग्रसेन का
फिर भी भाग्य भला था।
रोता देख वृद्ध नृप को वह
बोला—"नाना ! नाना !"
मिल वसुदेव-देवकी ने भी
भर पाया मनमाना।
आने की न आप कहता तो
कुब्जा क्या राधा थी ;
मैं तो चेरी थी, जाने में
मुझे कौन बाधा थी ?
किन्तु आज आकुल है वन में
जैसी वह ब्रजरानी ;
दासी ने घर बैठे उसकी
मर्म - वेदना जानी।
अथवा एक परस में ही जब
तरस रही मैं इतनी ;
होगी विकल न जाने तब वह
सदा - संगिनी कितनी ?
होती हाय ! आज कुब्जा ही
यदि राधा की दूती ;
जाकर शरण इसी मिस तो वे
अरुण चरण तो छूती।

कल्प हुआ यह जिस काया का ,
इसे कहाँ ले जाऊँ ?
आवे वही, उसे अर्पण कर
परित्राण मैं पाऊँ ।
दे न गया वह यह शरीर ही
हाय ! शील भी ऐसा ;
करते बनता नहीं, चाहती ,
हूँ मैं करना जैसा ।
आया नहीं विसासी अब भी
बस ये आँसू आये ;
अहा ! उसी लावण्य-सिन्धु का
रस ये आँसू लाये ।
पी पीकर मैं इन्हें, भाग्य को
अब भी कैसे कोसूँ ?
पर अजान इस आतुर उर को
कब तक पालूँ - पोसूँ ?
आई रात, हुआ चन्द्रोदय ,
मैंने यही विचारा—
वह शशि है, मैं निशि होऊँ या !
वह तमिस्र, मैं तारा !
हुआ प्रभात और अरुणोदय ,
गूँजी उर की अलिनी ;
उस पूर्व की फटती पौ में ,
उसी हंस की नलिनी ।

चढ़ी वहुत निज नील गगन में ,
मैंने पार न पाया ,
ढुलक पड़ी मैं आप ओस-सी
हा ! आधार न पाया ।
रह सकता है बस यह पानी
उन्हीं नखों पर चढ़ के ;
किन्तु पधारे कहाँ चरण वे ,
लूँ मैं जिनको बढ़ के ।
वह भीतर ही रहा, व्यर्थ ये
द्वार सजाये मैंने ;
श्रुति-अतीत वह, क्यों इस तन के
तार बजाये मैंने ?
क्यों घृत - दीप जलाये मैंने ,
माखन - चोर न आया ;
फिर भी अन्तर में तो छाया
वह नव - घन - मन - भाया ।
स्नेह-हीन दीपक सो जावें ,
सजग सजल लोचन तो ,
फीकें पड़ें सुमन, चिन्ता क्या ,
अनुरंजित यह मन तो ।
मेरा अतिथि देव आवे तो ,
मैं सिर - माथे लूँगी ,
उसने मुझको देह दिया, मैं
उसे प्राण भी दूँगी ।

धड़क वक्ष, कक्ष में है वह,
फड़क वाम-भुज मेरे;
मिले मिलन मय अन्त मुझे, तो
सफल सभी रुज मेरे।
रहें भ्रान्तियाँ, रहें श्रान्तियाँ,
रहें क्रान्तियाँ चाहे;
नटवर! तेरा नाट्य-बन्ध निज
सन्धि-शांति निर्वाहे।
क्रान्ति हो चुकी, श्रान्ति मेट अब
आ, मैं व्यजन करूँगी;
मोती न्योछावर करके, वे
श्रम-कण बीन धरूँगी।
मेरा ही अधिकार यहाँ, सुन,
राधा रुष्ट न होगी;
दासी को वंचित कर, तेरी
रानी तुष्ट न होगी।
वह व्रजरानी भी नारी है,
यह सरला भी नारी;
आत्म-समर्पण के दोनों जब
हम समान धकारी।
एक पुरुष से योषित्ता ने
सहज किसे न मिलाया;
पर मेरा नारीत्व निहत था,
तूने आप जिलाया।

कूवड़ न था, कुण्डली पकड़े—
जकड़े मुझे, पड़ा था ;
तूने कौन मन्त्र फूंका, वह
उठ हट दूर खड़ा था।
किन्तु विरह-वृश्चिक ने आकर
अब यह मुझको घेरा ;
गुणी-गारुड़िक, दूर खड़ा तू
कौतुक देख न मेरा।
तू न आज भी आवेगा तो
मैं ही कल जाऊँगी ;
कुछ न सही तो कुटिल भृकुटि तो
तेरी मैं पाऊँगी।
यही कहेगा न तू—"अधीरे,
निकली तू चेरी ही ;"
हाँ हाँ, मैं चेरी, मैं चेरी,
तेरी ही, तेरी ही।
गड़े हुए धन-सा, मन में ही
रक्खूँ क्या मैं तुझको ?
तो यह मेरा तन क्यों तूने
दिया बना कर, मुझको ?
रोम रोम बस तुझे पुलक-सा
पा कर जड़ रह जावे ;
और उन्हीं चरणों में जीवन
स्वेद बना बह जावे।

पत्र पत्र में तेरी आहट
चौंकाती आती है;
किन्तु प्रतीक्षा में ही बेला,
बीत बीत जाती है।
निद्रा तेरा स्वप्न ले गई,
अरे सत्य, अब आ जा;
जाग रही हूँ स्वागतार्थ मैं,
ओ राजों के राजा!
अहोरात्र के पङ्ख लगाकर
सुध-सी उड़ती हूँ मैं;
तुझसे मिलने को अपने से
आप बिछुड़ती हूँ मैं।
और बड़ा कौतुक तो यह, तू
यहीं कहीं बैठा है;
ओ कठोर, कह किस कोठे में
तू घुस कर पैठा है?
तेरी व्यथा बिना सुने, मेरी
कथा न पूरी होगी;
तू चाहे जिसका योगी हो,
मेरा क्षणिक वियोगी।
तेरे जन अगणित, परन्तु मैं
एक विजनता तेरी;
बस इतनी ही मति है मेरी,
इतनी ही गति मेरी।

## उद्धव

१

(यशोदा के प्रति)

अम्ब यशोदा, रोती है तू ?
          गर्व क्यों नहीं करती ?
भरी भरी फिरती है तेरे
          अंचल-धन से धरती ।
अब शिशु नहीं, सयाना है वह
          पर तू यह जाने क्या ?
आया है वह तेरी माखन-
          मिसरी ही खाने क्या ?

खेल-खिलोने के दिन उसके
बीत गये वे मैया।
यही भला, निज कार्य करे अब
तेरा कुँवर-कन्हैया।
उसे बाँधना तुझे रुचेगा
क्या अब भी ऊखल से?
काट रहा है वह सुजनों के
भय-बन्धन निज बल से।
उसे डिठौना देने का मन
क्या अब भी है, कह तो?
प्रेत-पिशाच झाड़ने आया
मनुष्यत्व के वह तो!
तेरी गायों को तो कोई
चरा लायगा वन में;
पर उद्दण्ड-द्विपद-षण्डों का
शासक वही भुवन में।
हाँ, वह कोमल है, सचमुच ही
वह कोमल है, कितना?
मैं इतना ही कह सकता हूँ,
तेरा मक्खन जितना।
बना उसीसे तो उसका तन,
तूने आप बनाया,
तब तो ताप देख अपनों का
पिघल उठा, उठ धाया।

पर अपने मक्खन के बल की
भूल न आप बड़ाई ;
भूला नहीं स्वयं वह उसकी
गरिमा, तेरी गाई ।
कितने तृणावर्त्त तिनके-से
यहाँ उसीने झाड़े ;
मैं क्या कहूँ वहाँ कैसे क्या,
मोटे मल्ल पछाड़े !
कहाँ नाग-नग, कहाँ रत्न-सा
छोटा तेरा छौना ;
चला कुवलयापीड़ झटकने
नील सरोज सलौना ।
काल-फणी निकला परन्तु वह,
जिसने सूँड न छोड़ी ;
तोड़ उसीका दाँत निठुर ने
क्या गज-मुक्ता फोड़ी !
माँ, तुझको किसकी चिन्ता है,
अच्युत है सुत तेरा ;
प्रेम पाप-शंकी हो, फिर भी
मन श्रद्धायुत तेरा ।
पर सब कुछ प्रत्यक्ष यहाँ तो,
और बड़ा प्रत्यय क्या ?
चुटकी में ही उड़ा कंस का
राजरोग, अब भय क्या ?

उसे खिलाया, और पिलाया,
तूने ज़ितना, जैसा,
गिन सकना भी उसे कठिन है,
भला चुकाना कैसा?
पर संसार-समक्ष उसे क्या
स्वीकृत भी न करे वह?
धनी धनी क्या यदि अपना धन
केवल गाड़ धरे वह?
तेरे व्रज के रोम रोम में
वह छवि सदा समाई,
अव अपने गोपाल-त्राल की
तू कुछ देख कमाई।
कह, यह क्षार-नीर या उसकी
यशस्सुधा चक्खेगी?
अपने दधि के मटकों तक ही
क्या उसको रक्खेगी?
निकला है जिस व्रत को लेकर
माँ, तेरा वनमाली,
पूरा किये विना, घर कैसे
लौटे वह बलशाली?
तेरा रोदन वहाँ गूँज कर
बाधा - बिघ्न न डाले,
मंगल मना यहाँ तू, सुख से,
स्वकर्त्तव्य वह पाले।

मैं भविष्य में भी सुनता हूँ
यही टेक मन-भाई—
"दूध-पूत पाया तो तूने,
धन्य यशोदा माई!"
दुखा देवकी को न हाय! तू,
धाय न बन माँ होकर;
तेरा ही पाया है उसने,
अपना फिर फिर खोकर।
हरि जब कारागृह में पहुँचा
तब सुख से या दुख से,
क्षण भर हाथ बढ़ा कर भी वह,
कह न सकी कुछ मुख से।
बोल सकी तब—"बहिन यशोदे,
यह तेरा—यह तेरा!
मुझसे तो उस भाई ने भी
आज यहाँ मुहँ फेरा!"
"वह उस दुखिया को दुलरावे;"
हाँ, यह तेरी वाणी;
अम्ब, यही तो तुझसे सुनने
आया था यह प्राणी।
अक्षत तेरा वृन्दावन का
व्रत गो-सेवा वाला;
जब चाहे तब दूर कहाँ है,
तुझसे तेरा लाला।

किसको तेरे स्निग्ध भाव का
मोहन - भोग न भावे ?
नित्य दुग्ध-दधि-माखन तेरा
उसे पहुँचता जावे।
अब भी तेरी यमुना उसके
वातायन के नीचे;
विस्मय क्या यदि रत्नाकर भी
उसे भक्ति से खींचे।
रहती हो निश्चिन्त कभी तू
उसे निकटतर पाकर;
किन्तु रहेगी लीन उसीमें
अब ध्रुव ध्यान लगाकर।
हुए निकटतम ही तुम मन से,
रहो कहीं भी तन से;
तेरा परमात्मीय तुझीमें,
देख आत्म - दर्शन से।

## २

(गोपियों के प्रति)

अहा ! गोपियों की यह गोष्ठी ,
वर्षा की ऊषा - सी ;
व्यस्त-ससम्भ्रम उठ दौड़े की
स्खलित ललित भूषा - सी ।
श्रम कर जो क्रम खोज रही हो ,
उस भ्रमशीला स्मृति-सी ;
एक अतर्कित स्वप्न देखकर
चकित चौंकती धृति-सी ।

हो होकर भी हुई न पूरी,
ऐसी अभिलाषा-सी;
कुछ अटकी आशा-सी, भटकी
भावुक की भाषा-सी।
सत्य-धर्म-रक्षा हो जिससे,
ऐसी मर्म मृषा-सी;
कलश कूप में, पाश हाथ में,
ऐसी भ्रान्त तृषा-सी!
उस थकान-सी, ठीक मध्य में
जो पथ के आई हो;
कूद गये मृग की हरिणी-सी,
जो न कूद पाई हो!
तिमिर देखती उस यात्रा-सी
जो सन्ध्या की भूली,
नहीं समाती हुई साँस-सी,
जो असमय उठ फूली।
बालक की फल चेष्टा-सी, जो
पा न सके, पर लपके;
उस जलती-भट्टी-सी, जिसके
उड़ उड़ मदिरा टपके!
अवश अचलता-सी, जिससे हो
रस-चञ्चलता चूती;
कठिन मान की हठ-समाप्ति-सी,
खोज रही जो दूती।

उस उत्कंठा-सी, जो क्षण-क्षण
चौंक उठे एणी-सी ;
खुल कर भी जो सुलझ न पाई ,
उस उलझी वेणी-सी ।
बद्ध-वारि-लहर-सी जिसको
चौमुख वायु विलोड़े ,
उस निमग्नता-सी, जो अपना
तल पावे, तब छोड़े !
वृन्दावन की ही झाड़ी-सी ,
झंझा की झकझोरी ,
जिसका सिद्ध हुआ अन्तर्हित ,
. सहसा चोरी चोरी ।
सुरांगना-सी, तपोभंग की
ठान चली, जो मन में ;
किन्तु तपोवन के प्रभाव से
लगी स्वयं साधन में !
तुल्य-दुःख में हत-ईर्ष्या-सी ,
विश्व - व्याप्त समता - सी ;
जिसको अपना मोह न हो, उस
मूर्तिमती ममता - सी ।
लिखा गया जिसमें विशेष कुछ ,
ऐसी लोहित मसि - सी ;
किसी छुरी के क्षुद्र म्यान में
ठंस दी गई असि - सी !'

सम्पुटिता होकर भी अलि को
धर न सकी नलिनी - सी ;
अथवा शून्य-वृन्त पर उड़ कर
मड़राई अलिनी - सी ।
पिक-रव सुनने को उत्कर्णा
मधुपर्णा लतिका - सी !
प्रोषितपतिका पूर्वस्मृति में
रत आगतपतिका - सी !
जो सबको देखे, पर निज को
भूल जाय उस मति - सी ;
अपने परमात्मा से बिछुड़े
जीवात्मा की गति - सी ।
चन्द्रोदय की बाट जोहती
तिमिर - तार - माला - सी ;
एक एक व्रज - बाला बैठी
जागरूक ज्वाला - सी !
अहो प्रीति की मूर्ति, जगत में
जीवन धन्य तुम्हारा ;
कर न सका अनुसरण कठिनतम
कोई अन्य तुम्हारा ।
चपल इन्द्रियों को भी तुमने
तन्मय बना दिया है ;
पावन हुआ पाप भी जिसमें,
वह पथ जना दिया है ।

धन्य दूरता ही प्रिय की, जो
और निकट ले आवे ;
चर्म-चक्षुओं के बदले यह
आत्मा उसको पावे ।
प्राप्य अन्ततः वह परमात्मा
आत्मा ही के द्वारा ;
मिथ्या माया का प्रपंच है ,
दृश्यमान यह सारा ।
एक एक तुम सब राधा हो ,
कहाँ तुम्हारी राधा ?
नहीं देखती मुझे यहाँ वह
हुई कौन - सी बाधा ?
सच कहता हूँ, मैंने अपना
राम तुम्हींमें पाया ,
किन्तु तुम्हारा कृष्ण कहाँ, मैं
यही पूछने आया ।

## गोपी

राधा का प्रणाम मुझसे लो,
श्याम-सखे तुम ज्ञानी;
ज्ञान भूल, बन बैठा उसका
रोम-रोम ध्रुव ध्यानी।
न तो आज कुछ कहती है वह
और न कुछ सुनती है;
अन्तर्यामी ही यह जानें,
क्या गुनती-बुनती है।

कर सकती तो करती तुमसे
प्रश्न आप वह ऐसे—
"सखे, लौट आये गोकुल से ?
कहो, राधिका कैसे ?"
राधा हरि बन गई, हाय ! यदि
हरि राधा बन पाते,
तो उद्धव, मधुवन से उलटे
तुम मधुपुर ही जाते।
अभी विलोक एक अलि उड़ता
उसने चौंक कहा था—
"सखि, वह आया, इस कलिका में
क्या कुछ शेष रहा था ?"
पर तत्क्षण ही गरज उठी वह,
भौंह चढ़ा कर बाँकी—
"सावधान अलि ! हट कर लेना
तू प्यारी की झाँकी !"
आत्मज्ञान-हीन वह मुग्धा,
वही ज्ञान तुम लाये;
धन्यवाद है, बड़ी कृपा की
कष्ट उठाकर आये।
पर वह भूली रहे आपको,
उसको सुध न दिलाना,
होगा कठिन अन्यथा उसका
जीना और जिलाना !

डूबी - सी वह बीच - बीच में
पलक खोल कर आधे
चिल्ला उठती है विलोल-सी
बोल—"राधिके, राधे।"
ज्ञान-योग से हमें हमारा
यही वियोग भला है,
जिसमें आकृति, प्रकृति, रूप, गुण,
नाट्य, कवित्व, कला है।
राम-राम ! मिथ्या माया के
भाव कहाँ से जागे ?
सच्चे ज्ञान, अनन्त, ब्रह्म के
जीव आप तुम आगे !
विद्यमान सब विगत क्यों न हो,
किन्तु समागत भावी ;
मिथ्या कैसे है माया भी,
जब तक वह मायावी ?
हममें-तुममें एक ब्रह्म, पर,
वह कैसा नटखट है,
बोल दो घटों में दो बातें,
करा रहा खटपट है !
उसको यही प्रपंच रुचे तो
हमें कौन-सी व्रीड़ा ?
एक मात्र यदि वही रहे तो
चले कहाँ से क्रीड़ा ?

होगा निर्गुण, निराकार वह
छली तुम्हारे लेखे ;
हमसे पूछो तुम, उसके गुन-
रूप हमारे देखे।
अन्तर्दृष्टि मिले तो हम भी
शून्य देख लें अव के ;
पर जब तब हैं कहो क्या करें ,
चर्म-चक्षु हम सबके ?
कहाँ हमारा कृष्ण, हाय ! हम
यह क्या तुम्हें बतावें ;
ठौर नहीं दिखलाई पड़ता ,
उसको जहाँ जतावें।
अब तक यहाँ ध्यान में तो था
यह मोहन मन-भाया ;
किन्तु आ अड़ी आज बीच में
कूद ज्ञान की माया !
चाहे क्या राधा वियोगिनी ,
स्वयं योग लाये तुम !
आहा ! क्या ज्ञानाग्नि-रूप में
भाग्य-भोग लाये तुम !
दृश्यमान का भस्म लेप कर
फिरे योगिनी वन में ;
उसका योगिराज, वह राजे
मथुरा - राज - भवन में !

क्या जाने, ज्ञानी ने उसका
ज्ञान कहाँ, कब सीखा ;
ज्ञान और अज्ञान हमें तो
यहाँ एक-सा दीखा !
देख न पावें आप आपका,
ये आँखें तो भय क्या ?
सबमें उस अपने को देखें,
तब भी कुछ संशय क्या ?
गायें यहाँ घेरनी पड़तीं,
नाच नाचना पड़ता ;
वह रस-गोरस कभी चुराना,
कभी जाचना पड़ता ।
राजनीति का खेल वहाँ है
सूक्ष्म-बुद्धि पर सारा ;
निराकार-सा हुआ ठीक ही
वह साकार हमारा !
जाते-जाते प्रति दिन वन से
घर, फिर घर से वन को ;
वह बढ़ गया और कुछ उस दिन
नगर - पवन - सेवन को !
यही बहुत हम ग्रामीणों को
जो न वहाँ वह भूला ;
किंवा संग वहाँ भी थी यह
कालिन्दी कल - कूला ।

सचमुच ही हम देख रही थीं
जगते - जगते सपना ;
जहाँ रहे बस सुखी रहे वह ,
दुःख हमारा अपना ।
यौवन-सा शैशव था उसका ,
यौवन का क्या कहना ?
कुब्जा से विनती कर देना—
"उसे देखती रहना !"
कृपया वचन न मन में रखना
तुम अन्यान्य हमारे ;
प्रिय के बन्धु, अतिथि हो उद्धव
तुम सम्मान्य हमारे ।
विवशों का मन, वाणी को भी
व्याकुल कर देता है ;
आर्त्तों का आक्रोश ईश भी
सुन कर सह लेता है ।
ज्ञानी हो तुम किन्तु भाग्य तो
अपना अपना होता ;
वक्ता भी क्या करे, न पावे
यदि अधिकारी श्रोता ?
हम अपने को जान न पाईं ,
उसको क्या जानेंगी ;
मन की बात मानती आईं ,
मन की ही मानेंगी ।

निर्गुण निपट निरीह आप हम,
सभी रूप गुण भागे;
निराकार ही निराकार है
आज हमारे आगे!
राधा के अनुरूप जोग की
कोई जुगत जुगाते;
उद्धव, हाय! राजहंसी को
तुम हीरे न चुगाते।
क्या समझते हो तुम हमको,
वह अरूप है, ओहो!
गोचारी गोपाल हमारा,
रहे अगोचर, जो हो।
हमें मोह ही सही, किन्तु वह
उसी मनोमोहन का;
काम, किन्तु वह उसी श्याम का,
लोभ उसी जन - धन का।
ज्ञानयोग लेकर सुषुप्ति ही
तुम न सिखाने आये?
जागृत को समाधि-निद्रा का
स्वप्न दिखाने आये!
नाम मात्र का ब्रह्म तुम्हारा,
रहे तुम्हें फल - दायक;
उद्धव, नहीं निरीह हमारा,
नटवर - नागर - नायक।

निज विराट को छोड़, सूक्ष्म से
कौन यहाँ सिर मारे ?
धार सके उसको जो जितना
जी भर भर कर धारे।
वे अघ-वक्र सब कहाँ गये अब ,
अरे, एक तो आवे ;
देखें हमको छोड़ हमारा
छली कहाँ फिर जावे ?
अन्तवन्त हम हन्त ! कहाँ से
वह अनन्तता लावें ;
इस मृण्मय में ही निज चिन्मय
पावें तो हम पावें।
सिमिट एक सीमा में, मानो
अपने में न समाता ,
मिला हमें ऐसे वह जैसे
जोड़ हमींसे नाता !
क्या बतलावें वह वंशीधर
कैसा आया हममें ?
ताल न आया होगा ऐसा
कभी किसीकी सम में।
जीवन में यौवन-सा आया ,
यौवन में मधु - मद - सा ;
उस मद में भी, छोड़ परम पद ,
आया वह गदगद - सा।

वृन्दावन में नव मधु आया,
मधु में मन्मथ आया;
उसमें तन, तन में मन, मन में
एक मनोरथ आया।
उसमें आकर्षण, हाँ राधा
आकर्षण में आई;
राधा में माधव, माधव में
राधा-मूर्ति समाई।
यही सृष्टि की तथा प्रलय की
उद्धव, कथा हमारी,
पर कितना आनन्द हमारा!
कितनी व्यथा हमारी!
कहो, इसे हम किसे जनावें
कौन, कहाँ जानेगा;
कौन भूल कर आप आपको
पर को पहचानेगा?
गई अरुणिमा जगी अनल में,
नवलोज्वलता जल में;
नभ में नव्य नीलिमा, नूतन
हरियाली भूतल में।
नया रंग आया समीर में,
नया गन्ध-गुण छाया;
प्राण-रूप पाँचों तत्वों में
वह पीताम्बर आया।

कोटि कमल फूटे, कमलों पर
आ आकर अलि टूटे ;
चित्रपतंग विचित्र पटों की
प्रतिकृति लेने छूटे ।
पात-पात में फूल और थे
डाल-डाल में झूले ;
वन की रँग-रलियों में हम सब
घर की गलियाँ भूले !
नई तरंगें थीं यमुना में
नई उमंगें व्रज में,
तीन लोक-से दीख रहे थे
लोट-पोट इस रज में ।
ऊपर घटा घिरी थी, नीचे
पुलक कदम्ब खिले थे ;
झूम-झूम रस की रिम-झिम में
दोनों हिले-मिले थे !
मद का अहो, अँधेरा-सा ही
आया श्याम सही था ;
राधा का छिन गया सभी कुछ,
वह थी और वही था !
किन्तु गया उजियाले-सा वह,
उलटा हुआ यहाँ है ;
देश-काल सब अड़े खड़े हैं
राधा किन्तु कहाँ है ?

आँख-मिचौनी में वह भागा,
हमने पकड़ न पाया;
देर हुई तो चातक तक ने
रह रह रोर मचाया।
हँसा किन्तु भेदी पिक हा हा!
हू हू कर इतराया;
तब केकी ने नाच निकट ही
कृपया पता बताया!
उद्धव, वे दिन भूलेंगे क्या,
तुम्हीं बता दो, कैसे?
संकट भी जब हुए हमारे
क्रीड़ा-कौतुक जैसे!
चन्द्र हमारे हाथ, राहु भी
बीच-बीच में झपटे;
पर रस-पिच्छल था वह भूतल,
अति औंधे मुहँ रपटे।
उद्धव अब आये इस वन में,
सूखा जब सोता है,
सुनो वही, कोकिल अब कैसा
ऊ ऊ कर रोता है।
रह रह एक हूक उठती है,
हृदय टूक होता है;
समा सकी वह मूर्ति न इसमें,
भग्न धैर्य खोता है।

मृग, मृगियाँ, मृग-शावक, साधो,
अब भी यहाँ मिलेंगे;
पर उस यूथप-कृष्णसार के
दर्शन कहाँ मिलेंगे?
सुनकर उसका शृङ्ग-भृङ्ग-रव
कौन न सुध बुध भूला?—
झड़ पाया न फूल भी, जड़-सा
था फूला का फूला!
आना था तो तब आते तुम,
जब यमुना थी लहराती;
अब तो झहराती जाती है,
देखो यह हहराती!
उड़ती है बस धूल आज तो,
कौन करे रस-दोहन,
आकर एक अलभ्य लाभ-सा,
गया भरम-सा मोहन!
सचमुच ही क्या स्वप्न मात्र था
जो हमने देखा, वह?
किस समाधि, किस नियम और किस
सम-दम ने देखा वह?
उसे महानिद्रा लेकर भी
एक वार फिर देखें,
अन्त बने या बिगड़े, तब भी
हम भर पाया लेखें।

उद्धव ..कहो नहीं लौटा क्यों
हाय! हमारा राजा?
बजा यहाँ उसके विरुद्ध था
क्या विप्लव का बाजा?
सिर-माथे ही उस मनोज्ञ को
हमने यहाँ लिया था;
लोक और परलोक सभी कुछ
अपना सौंप दिया था।
उसका सगुन साधने को हम
शिरोभार सहती थीं,
धरे भरे घट पथ में कब तक
नित्य खड़ी रहती थीं।
कर देना कैसा, अन्तर तक
हमने उसे दिया है;
नित्य नया रस-गोरस लेकर
उसको भेट किया है।
गोवर्द्धन-गढ़ खड़ा आज भी,
जो न इन्द्र से टूटा;
फिर भी चला गया वह गढ़पति,
भाग्य हमारा फूटा।
अरे विहंग, लौट आ, तेरा
नीड़ रहा इस वन में;
छोड़ उच्च पद की उड़ान वह,
क्या है शून्य गगन में?

सदा सजग था वह, सारा ब्रज
सुख - निद्रा पाता था ;
आता तो ऊपर का ऊपर
संकट कट जाता था।
मनचाहा सब मिल जाता था,
पथ में हमें पड़ा - सा ;
गये हमारे वे दिन, अब तो
सम्मुख काल खड़ा - सा !
मूर्च्छित जैसे कालिन्दी के
अब ये कूल पड़े हैं।
डूब जायँ कब, देखो तट के
विटपी झूल पड़े हैं ;
किधर जायें, पग धरें कहाँ हम,
सीधे शूल पड़े हैं ;
अब भी कुंजों में, क्रीड़ा के
सूखे फूल पड़े हैं !
अब प्रभात में ही दोपहरी,
यहाँ दृष्टि दहती है ;
अपनी ओर निहार आप ही
दृष्टि सन्न रहती है !
सर-सर कर खर-वायु इधर से
उधर निकल जाता है ;
पत्र - पत्र मर्मर करता है,
मरण नहीं आता है !

अब जो हरियाली है सो सब
आशा के कारण है ;
कुसुमितता, वह पूर्वस्मृति की
किये पुलक धारण है।
वह आता है, यही सोच कर
आ जाते हैं फल भी ?
ईश्वर जाने, अब क्या होगा,
भारी है पल-पल भी।
आता था प्रति दिन वह वन से,
संग-संग दल-बल के ;
सीधा मानस में जाता था
राजहंस-सा चल के।
हलके हलके, छलके छलके,
श्रम-जल के कण झलके ;
उनके लिए न रहते किसके
प्यासे लोचन ललके ?
आया था उद्धव, अधीरपन,
आप यहाँ की रज में ;
वह रँग-रस, बस अब होली ही
धधक रही है व्रज में।
तारा-मंडल घूमा करता
संग रास-मंडल के ;
सबके पार्श्व-तरंग साक्षि हैं
सबके झष-गति-बल के !

सब कुछ रहे, नहीं वह दीपक ,
जो सब कुछ दिखलाता ;
अन्धकार वह वस्तु, हार भी
जहाँ साँप बन जाता ।
आते हैं सन्देश आज भी
अवसर के दूतों के ;
उस अवधूत बिना हम पाले
पड़ी महा - भूतों के !
योग नहीं; यह रोग-भोग है ,
हमें भोगना होगा ;
यह विष भला कौन भोगेगा ,
वह रस हमने भोगा ।
रहे चेतना-सी बस उसकी
मर्म - वेदना हममें ;
करती चले उजाला उर की
ज्वाला इस दुर्गम में ।
वेद-मार्गियों में आ पहुँचा ,
यह निर्वेद कहाँ से ?
लौटा ले जाओ हे उद्धव ,
लाये इसे जहाँ से ।
हम सौ वर्ष जियेंगी, अपनी
आशा लेकर उर में ;
वह प्रसन्नता से प्रमोदरत
रहे प्रतिष्ठित पुर में ।

हो या न हो सुनो हे साधो,
योग क्षेम हमारा;
बना रहे उस निर्मोही पर
है जो प्रेम हमारा।
लाख ठगावें किन्तु सरलता
रहे साख-सी हममें,
लाख ठगें, पर कुटिल कुटिल ही
रहें न केशव भ्रम में।
जिये चातकी मेघ-वृष्टि से,
शुक्ति स्वाति-रस-सानी;
एक प्रीति की लता चाहती,
दो आँखों का पानी!
आशा फूल, निराशा फल है,
इतनी मूल कहानी,
फिर भी हा! इस कृष्ण-हृदय की
वही राधिका रानी!
हर ले कोई राधा का धन,
पर वह भाग उसीका;
कृष्ण उसी का केश-पक्ष है,
सेंदुर राग उसीका!
जिसे कलङ्क-तुल्य सिर माथे
लिया मयङ्क-मुखी ने;
भेजी आज भभूत यहाँ उस
रंगी-राज-सुखी ने!

हा ! कैसे विश्वास करें हा !
उसकी इन घातों का ?
अविश्वास किस भाँति करें हा !
उद्धव की बातों का ?
माधव भी सच्चे हैं सखियो,
उद्धव भी सच्चे हैं;
हाय ! हमारे आँख-कान ही
झूठे हैं, कच्चे हैं !
योग-वियोग हो चुके उद्धव,
चलें सन्धि-विग्रह अब;
रस की लूट हुई मनमानी,
पलें नियम-निग्रह अब।
मुरली तो बज चुकी बहुत, अब,
शंख फुँकेंगे सीधे,
दूर मयूर, पलेंगे रण में
गीध गुणों के गीधे !
राधा जब तक है अमानिनी
करें कृष्ण मनमानी;
उसमें अहम्भाव तो आवे
भरें न आकर पानी !
चरणों में न पड़ें तो कहना
मुकुट-रत्न-मालाएँ;
एक यही आशा लेकर हैं
बैठीं व्रजबालाएँ।

मथुरा क्या, आसिन्धु धरा की
धूल छान डालें वे ;
राधा-सा जन-रत्न कहीं भी ,
जब जानें पालें वे ।
सौ चक्कर काटेंगे आकर ,
उतरेगी तब त्योरी ;
जीती रहे यहाँ ज्यों त्यों कर
केवल कीर्ति - किशोरी ।
हम राधा-मुख देख, श्याम का
दर्शन पा जाती हैं ;
किन्तु श्याम के मन में क्या है ,
नहीं जान पाती हैं ।
राधा स्वयं यही कहती है—
"उसे जगत की पीड़ा ;
छूट गई जिसमें पड़ कर हा !
व्रज की-सी वह क्रीड़ा ।
सुख की ही संगिनी रही मैं
अपने उस प्रियतम की ;
व्यथा विश्व-विषयक न तनिक भी
बंटा सकी निर्मम की ।
उलटा अपना दुःख लोक को
मैंने दिया सदा को !"
उस भावुक का रस जितना था
जूठा किया सदा को !

यह क्या कहते हो तुम उद्धव ,
उसकी पद-रज लोगे ?
उसे प्रणाम करोगे, तो फिर
आशिष किसको दोगे ?
क्षमा करो चापल्य हमारा ,
यही बहुत हम मानें ;
चलो, करा दूँ दर्शन तुमको ,
पर वह श्याम न जानें ।
लो, वह आप आ रही देखो ,
'सखी, सखी', चिल्लाती ,
पर 'उद्धव, उद्धव', की ध्वनि भी
है यह कैसी आती ?
यह क्या, यह क्या भ्रम या विभ्रम?
दर्शन नहीं अधूरे ;
एक मूर्ति, आधे में राधा ,
आधे में हरि पूरे !

# द्वापर

## ( द्वारकाधीश )

### सुदामा

अरी, राम कह, वन-सा यह घर
छोड़ कहाँ मैं जाऊँ ?
उस आनन्द कन्द को कैसे
तेरी व्यथा सुनाऊँ ?
जगती में रह कर जगती की
वाधा से डरती है ?
करनी तो अपनी है, धरनी,
असन्तोष करती है ?

आने - जाने वाली बातें
आती हैं—जाती हैं,
तू अलिप्त रह उनसे, पर से
पर की वे थाती हैं।
जिनके बाहर के सुख-वैभव
हैं तेरे मनमानें,
डाह न कर उन पर, भीतर वे
कैसे हैं क्या जानें।
क्या धनियों के यहाँ दूसरी
कुसुम - कली खिलती है ?
वही चाँदनी वही धूप क्या
मुझे नहीं मिलती है ?
मेरे लिए कौन-सा नभ का
रत्न नहीं बिखरा है ?
एक वृष्टि में ही हम सबका
देह - गेह निखरा है।
क्या धनियों के लिए दूसरी
धरती की हरियाली ?
या गिरि-वन, निर्झर-नदियों की
उनकी छटा निराली !
शीतल-मन्द-सुगन्ध-वायु क्या
यहाँ नहीं बहता है ?
केवल वातावरण हमारा
भिन्न भिन्न रहता है।

फिर भी एक पवन में दोनों
आश्वासी जीते हैं,
शुभे हमारी ही घट का वे
शीतल जल पीते हैं।
धनी स्वादु से, दीन क्षुधा से
जो कुछ भी खाते हैं,
किन्तु अन्त में तृप्ति एक ही
वे दोनों पाते हैं।
आँगन लीप देहली की जब
पूजा करने आती,
जल, अक्षत या फूल चढ़ा कर
गुन गुन कर कुछ गाती।
मत्था टेक अन्त में जब तू
मग्न वहाँ हो जाती,
तब न समाकर ऋद्धि जगत में
कहाँ ठौर है पाती?
आग्रह छोड़ वहाँ जाने का,
वह है यहीं, हृदय में,
विघ्न बनूँ कैसे मैं जाकर
उसके लीलालय में?
अपनी ही चिन्ताओं से तू
चैन नहीं लेती है;
जिस पर है भू-भार उसीके
घर धरना देती है?

अपने लिए नहीं जो अधुना
वही चाहिए तुझको,
होता तो मिलता, होगा तो
आप मिलेगा मुझको।
जिसे किसीने कभी न चाहा,
वह तूने पाया है,
अरी, विपत्ति न कह, यह प्रभु की
ममता है, माया है।
वह दुख मेरे सिर-माथे है,
यह अभाव मन-भाया;
कृपया प्रभु की ओर मुझे जो,
ले जाने को आया।
ईर्ष्या-लोभ-मुक्त होता यदि,
मन यह तेरा मानी;
तो दारिद्रय-मूर्ति, मैं तुझ पर
आज वारता रानी।
उसके घर के सभी भिखारी?
यह सच है तो जाऊँ,
पर क्या माँग तुच्छ विषयों की
भिक्षा, उसे लजाऊँ?
प्रभु की दया-भागिनी है यह,
दरिद्रता ही मेरी;
यह भी रही न हाथ कहीं तो,
फिर सब ओर अँधेरी।

विभव-शालिनी इस वसुधा पर
क्या अभाव है धन का,
पाया परम्परागत मैंने,
दुर्लभ-साधन मन का।
मैं उस कुल का हूँ, विश्रुत है
त्याग और तप जिसका,
मुझको न हो, किन्तु तुझको भी
गर्व नहीं क्या इसका?
तू तो कोई राज-सुता है
ब्राह्मण के घर आई,
हाय बड़ाई है जो मेरी,
तुझको वही न भाई।
पर मानिनि, क्यों भिक्षा का धन
तुझको नहीं अखरता?
क्षात्र दर्प तो ईश्वर से भी
नहीं याचना करता!
अपना राजस खो बैठी है
तू मेरे घर आकर,
क्या निज सत्य मुझे भी खोना
होगा तुझको पाकर?
वास-वसन, आसन-वासन सब
बदल जाएँगे अब ये,
बदले जावेंगे क्या तेरे
पति-दैवत भी तब ये?

हँस कर 'हाँ' कहती है यह तू
रिस से मौन न रह कर,
जो यह कर सकती है वह है
रह सकती सब सह कर।
तुझसे भी निश्चिन्त हुआ मैं,
अब चाहे जो कह तू,
जैसा चलता है, चलने दे,
सुखी सर्वदा रह तू।
तुझको तो तब भी कुलबधुएँ
सीधे दे जाती हैं,
मुनि-बालाएँ कन्द-मूल-फल
जब वन में लाती हैं।
वहाँ तपस्वी हैं ऐसे भी,
राज्य छोड़ जो आये,
किन्तु स्वयं राजा भी जिनके
याचक बने बनाये!
नहीं चाहता मैं वह गौरव,
भार सँभालूँ अपना,
पर तू जीती और जागती,
देख रही है सपना।
भोगी हो तेरा यह योगी?
अरे, रुष्ट अब होगी?
उद्योगी? आहा! उद्योगी,
कोड़ी का उद्योगी!

नित्य-नित्य लेने की लज्जा,
और न दे पानी की,
ठीक, इसीसे एक वार ही,
इच्छा पा जाने की!
किन्तु बता दे दानिनि, मानिनि,
लाज जिसे लेने में,
किस मुहँ से तू दर्प करेगी
वही द्रव्य देने में?'
लेता हूँ कुछ से मैं अपने
असन - वसन की भिक्षा,
देता हूँ कुछ को मैं उनके
धर्म - कर्म की शिक्षा।
है आदान-प्रदान यही तो
दोनों को हितकारी,
बटे हुए हैं कर्म हमारे,
पड़े न जिसमें भारी।
अपने लिए नहीं, तू मेरे
लिए व्यथा पाती है,
इसीलिए, तेरा रोना सुन
मुझे हँसी आती है।
पगली, कभी मुखापेक्षी है
सच्चा सुख यदि धन का,
तो इससे अपमान बड़ा क्या
होगा जन जीवन का?

गेह बड़ा हो किन्तु देह तो
यही रहेगी तेरी,
छप्पन भोग भोग कर भी क्या
भूख भगेगी मेरी ?
देता है मिट्टी का घट ही
मुझको ठण्डा पानी,
पर सोने का पात्र चाहती,
तू दरिद्र की रानी !
सोना पाकर भी क्या सुख से
तू सोने पावेगी ?
बढ़ती हुई लालसा तुझको
कहाँ न ले जावेगी !
काम,क्रोध,मद,मोह समय पर,
लोभ सदैव सभीको ?
कर्मों के अनुसार किन्तु है
देता दैव सभीको।
तू ही कह, तेरा या मेरा
कौन कर्म है छोटा ?
कर्म सभीका खरा, भले ही
कोई कर्मी खोटा।
तप ही परम धर्म है अपना,
त्याग मर्म है जिसका;
मरना भी अच्छा स्वधर्म में,
कहना ही क्या इसका ?

जो जिसको उपलब्ध उसीमें
असन्तोष है उसको,
राजा भी है रंक यहाँ, पर ?
कौन दोष है उसको ?
ऐहिक उन्नति के अधिकारी
गुण ही इसको मानें,
विष भी अमृत बना बैठा है,
अपने एक ठिकाने !
चल, तू कितनी दूर चलेगी,
रुद्ध कौन पथ तेरा ?
अरी, मनोरथ नहीं रुकेगा,
टूटेगा रथ तेरा।
पर मेरी यात्रा मेरे ही
पैरों पूरी होगी,
उतना ही आकर्षण होगा,
जितनी दूरी होगी !
डाल न और मुझे माया में,
तू ही कम क्या जाया ?
ज्यों ज्यों सुख पावेगी त्यों त्यों
अलसावेगी काया।
खाकर मरने से तो भूखों
मरना ही अच्छा है,
कभी कभी उपवास किसी मिष
करना ही अच्छा है।

अन्न-वस्त्र क्या, धरा धाम क्या,
यदि हम समधिक लेंगे,
तो औरों के लिए उन्हें हम
निश्चय कम कर देंगे।
हुआ व्यर्थ ही ब्राह्मण मैं यदि
वह स्वार्थी बन जाऊँ,
तब जिसमें कुछ अधिक पा सकें
अल्प मात्र मैं पाऊँ।
नहीं समझती है तू मेरी
तेरी समझूँ कैसे?
किन्तु चला तू गृहस्वामिनी
मुझको चाहे जैसे।
जाऊँगा क्यों नहीं इसी मिष
उसे देख आऊँगा,
पावे और न पावे तू, पर
मैं अभीष्ट पाऊँगा।
किन्तु पहुँचने देगा उस तक
मुझे कौन अब, कह री!
लिये भयानक दंड हाथ में
पद पद पर हैं प्रहरी।
उसका सखा आज, तू ही कह,
मुझे कौन मानेगा?
ढीठ नहीं तो पूरा पागल,
सारा जग जानेगा।

आज द्वारकाधीश बना है
मेरा ब्रजवनचारी,
काली कमली छोड़ चुका है,
वह पीताम्बरधारी।
मोर-मुकुट वाले के माथे
रत्न किरीट खिला है,
गुंजा के बदले गज-मुक्ता,
यों सब उसे मिला है!
जो कदम्ब के तले भीगता,
प्रासादों में बैठा,
जो गोपों के संग विचरता,
परिषद में है पैठा।
जो वत्सों के संग खेलता,
उद्धव का है संगी,
छजते हैं सब वेश उसे, वह
बहु-रूपी बहु-रंगी।
तनिक छाँछ में जिसे गोपियाँ
नाच नचाया करतीं;
राजनीतियाँ आ उसके घर
अब हैं पानी भरतीं।
मुरली नहीं, आज है शासन-
चक्र हाथ में उसके,
तू ही बता, निभूँगा कैसे
वहाँ साथ में उसके।

चिन्ता न कर कहीं भी हो वह
पर वह वही वहीं है,
बाहर तर्ज, किन्तु भीतर तो
करुणा उमड़ रही है।
ऊपर विद्युज्ज्योति जागती,
आडम्बर भी भारी,
किन्तु सजल निज घनश्याम की
वार वार बलिहारी!
ओ यमुने, भूला क्या तुझको
वह सागरतटगामी?
रहा कौन तेरे दह में अब
नाग निरंकुश नामी?
उसे नाथ कर सबको उसने
किया सनाथ सहज में,
बचा कौन-सा कंटक, कह अब,
क्या करता वह व्रज में?
किन्तु मिलूँगा कैसे उससे
रिक्तपाणि, कल्याणी,
दे न सकेगी शुभाशीष भी
मेरी गद्‌गद वाणी।
तदपि जानता हैं वह जी की,
बहुत चार चावल ही;
मेरी भेट आप क्या उसको,
पत्र - पुष्प - फल - जल ही?